築夢家園

Against the Wind II
Building a Dream Home

作者：霍麗萍
BY：LILY LEUNG

UNDERCOVER
ANGELS
PUBLISHING

Pleasanton, California

Against the Wind II – Building a Dream Home

逆風而行 II – 築夢家園

This memoir is based on the author's personal experiences and recollections. Some names have been changed where appropriate.

Published by **Undercover Angels Publishing**
Pleasanton, California, USA

ISBN: 979-8-9936455-3-7

Printed in the United States of America

First Edition – August 2026

關於這本書

本書為《逆風而行》的續集。

《逆風而行》記述作者霍麗萍從越南到美國的人生旅程；《逆風而行（二）：築夢家園》則延續這段故事，記錄她在美國建立家庭、養育子女、發展事業，以及憑著信心面對人生挑戰的歷程。

本書採用中英雙語編排，方便不同世代及不同背景的讀者共同閱讀。

About This Book

This book is the sequel to *Against the Wind.*
While *Against the Wind* recounts Lily Leung's journey from Vietnam to America, *Against the Wind II: Building a Dream Home* continues the story of family, marriage, parenthood, faith, and the challenges of building a new life in America.
This bilingual edition presents the complete text in both Chinese and English for readers of different generations and backgrounds.

逆風而行 II

築夢家園

作者序

當我寫完《逆風而行》的時候，我原以為故事已經告一段落。

那本書記錄了我從越南萊紹的小女孩，到成為越戰後難民的經歷；記錄了我如何離開家鄉、在馬來西亞等待安置、來到美國重新開始；也記錄了我如何認識杰，並在上帝的恩典中走進婚姻。

許多讀者讀完後問我：

「後來呢？」

「妳在美國的生活又是怎樣的？」

我才發現，原來最驚心動魄的旅程雖然已經結束，但另一段更長、更平凡，卻同樣重要的人生旅程，才正要開始。

《逆風而行》講述的是如何離開風暴。

而《逆風而行 II：築夢家園》講述的，則是在風暴過後，如何建立一個家。

婚禮不是故事的終點，而是一個新的起點。

從新婚生活、買房置業、照顧雙方父母，到養育兩個孩子；從工作上的挑戰，到人生中的失落與考驗；我們一步一步學習如何成為夫妻、如何成為父母，也學習如何在順境與逆境中彼此扶持。

回頭看，我和杰都沒有上過如何經營婚姻的課，也沒有學過如何做父母。我們只是憑著有限的經驗、真誠的心，以及對家庭的責任感，一步一步向前走。

有些時候，我以為是自己的努力撐過了難關。

但多年以後再回頭看，我知道那不只是努力。

那是恩典。

如果《逆風而行》是關於勇氣與生存的故事，那麼《築夢家園》就是關於愛、責任與盼望的故事。

謹將這本書獻給我的家人，以及所有曾經離開故鄉、在陌生土地上努力建立新生活的人。

願你們在我的故事裡，看見自己的身影；也願你們在風雨之後，看見屬於自己的家園。

* * *

在開始這段新的旅程之前，我想分享一首杰寫給我的小詩。

每當我讀到這首詩，總會想起我們剛結婚時的那些日子。那時的我們年輕，對未來充滿憧憬，也不知道人生將帶領我們走向何方。

這首詩只有四句：

麗影芳踪本難遇
萍水相交竟是緣
杰士紅顏同心結
策算主恩數不完

詩中每句的第一個字，正好組成我和杰的中文名字：麗萍、杰策。

如今回首，歲月已悄悄走過數十年。我們一起經歷歡笑與眼淚，也一起走過風雨與恩典。

而最讓我感動的，依然是詩中的最後一句：

「 主恩數不完 」。

—萍

目錄

第一章 終於有一個家

我和杰於1986年11月結婚。

我們在位於奧克蘭與柏克萊之間、海灣旁的 Emeryville 酒家預訂了二十桌酒席。

有趣的是，雖然杰邀請了大部分曾經交往過的女友，但沒有一位出席婚禮。

讓我們十分感動的是，杰最好的朋友德對他說：

「你總不會用那輛沒有冷氣、又是手排檔的 Mazda 當婚車吧？開我的 Jaguar 去！」

那輛 Jaguar 是我坐過最舒適、最平穩、也最安靜的車。而且它是自排車，所以擔任司機的杰哥哥潮也能輕鬆駕駛。

那場婚禮令人難忘。我的大部分親友都從各地趕來參加，給予我們滿滿的祝福。

婚禮之後，我們入住漁人碼頭附近的 Sheraton 飯店。一邊陪親友遊玩、送他們到機場，一邊把德的 Jaguar 歸還給他，然後才啟程度蜜月。

我們先飛到奧蘭多探望叔叔和嬸嬸一家，之後登上一艘前往加勒比海的四天郵輪。那是我們兩人第一次搭乘郵輪旅行。

如今回想起來，那是我人生中最甜蜜的一段時光。

短短幾天裡，我們不必去想工作、不必擔心金錢，也不必煩惱移民生活與未來的種種挑戰。

我們只是單純地享受彼此的陪伴，滿懷期待地迎接人生的新篇章。

然後，我們回家了。

而現實，也重新開始了。

* * *

結婚後的頭半年，生活雖然幸福，但我心裡始終掛念著一件事——父母的居住問題。

多年來，父母一直過著搬來搬去的生活。

每隔幾年，房東不是加租，就是把房子賣掉，他們又得重新找地方搬家。

我永遠記得那些搬家的日子。

父親開著舊貨車來回搬運家具，母親則把一箱又一箱的生活用品整理好。每次看見她把碗碟小心翼翼地用報紙包起來，再一件件放進紙箱裡，我心裡總是特別難受。

家，本來應該是一個讓人安心的地方。

但對父母來說，卻一直是一個不斷遷移的地方。

那時候，我剛結婚不久。

雖然自己的經濟能力有限，但我心裡一直有個願望：

如果有一天我有能力，我一定要替爸爸媽媽買一個真正屬於自己的家。

1980年代的灣區，房價雖然不像今天這麼驚人，但對我們這些移民家庭來說，買房仍然是一件不容易的事情。

那時候，我在珠寶店工作。

平日省吃儉用，把每一分錢都小心存起來。

多年下來，終於存到七千美元。

有一天，我對杰說：

「我爸媽一直為搬家的事發愁。我想買一棟房子給他們住。」

杰連想都沒想，就回答：

「好啊，我們應該這麼做。以我的收入來看，我想我們負擔得起一棟十萬美元以下房子的房貸。」

於是，我們開始四處看房子。

那天，我在 Union City 看見一間三房兩廳的 Townhouse。

第一次走進去時，我便有一種特別的感覺。

陽光透過客廳的大窗戶灑進來。

地毯乾淨整齊。

樓上有三個睡房。

雖然不是豪宅，但環境安靜舒服。

我站在客廳中央，腦海裡立刻浮現父母的身影。

我彷彿已經看見母親坐在餐桌前泡茶。

父親坐在客廳看電視。

那一刻，我知道：

這就是我要找的房子。

回家後，我把自己的想法告訴父親。

父親沉默了一會兒。

然後說：

「如果妳真的決定買，我也拿七千元出來。」

就這樣。

我的七千元。

加上父親的七千元。

一萬四千元首期。

終於買下了這棟房子。

簽字那一天，我握著筆，心情既緊張又興奮。

因為我知道。

從今天開始，父母終於不用再搬家了。

當我們拿到鎖匙，第一次打開大門時，母親站在客廳裡久久沒有說話。

她慢慢走到廚房。又走到睡房。

最後轉過頭來看著我，眼睛有些濕潤。

她沒有說太多話，只是輕輕地說：

「終於有自己的家了。」

那一句話。勝過千言萬語。

我知道。

多年來的辛苦。都值得了。

第二章 實現祖母的承諾

結婚後第一年的暑假，我終於有三個星期的長假。

自從祖母離世後，她一直住在我心裡最深的地方。

我始終記得自己對她許下的一個承諾。

有一天，我一定會回到馬來西亞，把她的骨灰帶回來。

一個晚上，我對杰說，我想請假回馬來西亞一趟，把祖母的骨灰接回美國。

我告訴他，如果他工作上不方便請假，我可以自己一個人去。

沒想到他一聽見，立刻握住我的手，彷彿我下一刻就要出發似的。

「不行，萍，」他說：「我答應過妳，要陪妳一起去接祖母回家。妳不用擔心我的假期。」

那時候，他剛剛回到他以前的舊公司，他每年只有兩個星期的有薪假期。為了陪我去馬來西亞，他還另外請了一個星期的無薪假。

對我們來說，那彷彿是第二次蜜月。

只是這一次，沒有浪漫的旅遊，也沒有輕鬆的假期；有的是愛、責任，以及對承諾的堅持。

這趟旅程對我們而言意義非凡。

多年來，這個心願一直藏在我的心裡。如今，我終於有機會實現它。

這趟旅程除了馬來西亞之外，也包括台灣和香港。

對杰而言，香港是他的出生地。

而對我來說，這卻是人生第一次踏足香港。

出發前的幾個晚上，我興奮得睡不著覺。

腦海裡不停想像著香港的模樣。

那個曾經在電影和電視裡看過無數次的地方，終於要親眼看見了。

我們首先抵達台灣。

飛機降落桃園機場時，窗外是一片翠綠的田野。

那種熟悉的亞洲氣息，讓我感到特別親切。

我們住在揚表哥家裡。

多年未見的親人再次重逢，大家都有說不完的話。

最令人高興的是，透過這次旅程，我們重新聯絡上錦堂表哥。

他知道我們來台灣後，非常熱情地招待我們。

有一天，他特地包了一輛計程車，陪我們遊覽台北。

我們去了故宮博物院。

看見那些保存了數千年的文物時，我深深感受到中華文化的博大精深。

接著又去了中山紀念館、台灣大學、雙溪公園。

一路上，錦堂表哥不停為我們介紹台北的歷史與變化。

中午時，他還帶我們到一家高級茶樓吃點心。

一籠又一籠熱騰騰的蝦餃、燒賣和叉燒包端上桌。

大家一邊喝茶，一邊聊天。

那種久違的親情，讓我覺得格外溫暖。

三天時間很快過去。

第四天，我們搭機前往香港。

第三章　使命的實踐

當飛機開始下降時，我透過窗戶向外望去。

只見密密麻麻的高樓大廈幾乎貼近機翼。

那就是聞名世界的啟德機場。

飛機降落時，我的心跳得特別快

我終於來到了香港。

走出候機大樓時，我一眼便看見遠處有人不停向我們揮手。

那是杰的好朋友劉耀光。

多年未見，他臉上的笑容依然親切。

他快步走過來，給杰一個大大的擁抱。

「歡迎回香港！」

那一刻，我忽然有一種回到家的感覺。

離開機場後，我們搭乘計程車前往般咸道。

一路上，我目不轉睛地望著窗外。

街道兩旁擠滿了招牌。

雙層巴士在馬路上穿梭。

行人匆匆忙忙地走著。

與美國寬闊的街道相比，香港顯得熱鬧而充滿活力。

劉耀光的家是一間三房一廳的公寓。

雖然空間不大，但十分整潔溫馨。

他的太太 Polly 熱情地迎接我們。

八歲的小女兒傑靈更是可愛又懂事。

當天晚上，傑靈主動把自己的碌架床讓給我們夫妻。

於是我和杰一人睡上舖，一人睡下舖。

床雖然有些短小，睡起來並不算舒服。

但每當想起傑靈那張真誠的小臉，我心裡便充滿感動。

因為在那張小小的床上，我感受到的是一個孩子最純真的善良。

在香港的五天裡，劉耀光一家對我們照顧得無微不至。

每天早上醒來，Polly 已經準備好早餐。有時是熱騰騰的粥，有時是麵包和奶茶。雖然只是簡單的家常食物，卻讓遠道而來的我們感受到濃濃的人情味。

白天，劉耀光會帶我們四處遊覽。

那是我第一次真正認識香港。

中環林立的摩天大樓、擠滿人的街道、川流不息的雙層巴士，以及隨處可見的霓虹燈招牌，都讓我感到十分新鮮。

最令我印象深刻的是天星碼頭。

那天黃昏，我們乘搭渡輪橫渡維多利亞港。

海風輕輕吹拂著臉龐。

夕陽把海面染成一片金黃色。

遠處的高樓大廈倒映在海水之中。

我站在甲板上，靜靜欣賞眼前的景色。

杰告訴我，他小時候也曾經無數次乘坐天星小輪。

那一刻，我彷彿看見眼前這位丈夫童年時的模樣。

香港不只是他的出生地。

更承載著他許多成長的回憶。

晚上，我們常常一起到茶樓或餐館吃飯。

香港的美食讓我大開眼界。

燒鵝、雲吞麵、煲仔飯、腸粉、點心……

每一樣都令人回味無窮。

而最珍貴的，並不是食物本身。

而是大家圍坐在一起談天說地的時光。

快樂的日子總是過得特別快。

轉眼之間，五天過去了。

我們即將前往這次旅程最重要的一站——馬來西亞。

離開香港那天，傑靈一直送我們到樓下。

臨上車前，她還依依不捨地向我們揮手。

看著這個可愛的小女孩，我心裡充滿感激。

多年以後，我仍然記得她把碌架床讓給我們的那份純真善良。

從香港飛到吉隆坡後，我們又轉機前往 Trengganu。

飛機降落時，我的心情變得格外複雜。

因為這裡承載著許多關於祖母的回憶。

一下飛機，我便看見 Mr. Lai 和一位年輕人站在出口處等候。

原來那位年輕人是他的鄰居。

看見我們走出來，他們立刻露出熱情的笑容。

Mr. Lai 開著一部小型日本車，把我們接回家。

一路上，他不停向我們介紹當地的變化。

多年未見，許多街道都已經和從前不一樣了。

然而，那份熟悉的人情味卻絲毫沒有改變。

Mr. Lai 的房子是一棟簡單整潔的住宅。

三房一廳，收拾得井井有條。

Mrs. Lai 平日在市集經營小食生意。

雖然工作忙碌，但仍然熱情地招待我們。

第二天一早，Mr. Lai 帶我們去吃當地著名的肉骨茶。

濃郁的藥材香氣撲鼻而來。

那是我第一次品嚐如此道地的肉骨茶。

晚上，Mrs. Lai 又準備了炒螃蟹和香茅葉烤魚。

香茅的清香配上鮮甜的魚肉，至今仍令我難以忘懷。

然而，我知道自己這次回來並不是為了旅遊。

在一個晚上，我們終於向 Mr. Lai 說出了此行真正的目的。

我告訴他：

「我希望把祖母的骨灰帶回美國。」

說完這句話後，房間忽然安靜了下來。

大家都知道，這不只是一次普通的旅行。

而是一個孫女對祖母許下的承諾。

Mr. Lai 沉思了很久。

然後慢慢說：

「這件事恐怕不容易。」

他向我們解釋，馬來西亞政府對毒品查驗非常嚴格。

若沒有完整合法文件，骨灰很難順利帶出境。

聽完後，我心裡十分失望。

好不容易回到這裡。

難道還是無法完成祖母的心願嗎？

就在我感到沮喪的時候，Mr. Lai 又接著說：

「不要擔心，我們一起想辦法。」

他和 Mrs. Lai 主動提出幫忙。

由他們負責聯絡當地有關單位，安排重新處理骨灰、申請相關文件，再透過合法郵寄方式寄往美國。

我和杰聽完後都十分感動。

我們知道，這將會增加他們不少麻煩。

但他們仍然願意全力協助。

那份情義，讓我終生難忘。

接下來的幾天，我們四處奔波辦理相關手續。

雖然過程並不容易，但一切都在神的帶領下逐步進行。

離開馬來西亞那天，我站在機場裡回頭望著窗外。

心裡默默向祖母說：

「婆婆，請再等我一下。」

「我一定會帶妳回家。」

一年後，當郵差把包裹送到我們家門口時，我的手微微顫抖。

打開包裹的那一刻，我的眼淚忍不住流了下來。

祖母終於回家了。

我也終於完成了多年前對她許下的承諾。

那一天，我深深感受到一件事：

在人生的旅途中，有些承諾或許需要很多年才能完成。

但只要心裡沒有忘記，神總會在最合適的時間，為我們開路。

第四章 小生命的來臨

回到美國後，我很快又投入珠寶店的工作。

那時候的生活十分忙碌，但也充滿希望。

婚後的日子過得十分幸福。每天早上，杰總是比我早起。他會先替我準備早餐，再細心地替我準備午餐飯盒。有時是三文治，有時是前一天晚上的剩菜配飯，再加上一些水果。

每當我拿著飯盒出門時，心裡總覺得暖暖的。

雖然我們的生活談不上富裕，但卻充滿著愛。

我和婆婆也相處得十分融洽。

她待我像親生女兒一樣，而我也真心把她當作自己的家人。

家裡經常充滿笑聲。

如今回想起來，那段新婚歲月真是人生中最無憂無慮的日子。

1988年初，老闆娘告訴我：

「今年夏威夷珠寶展，我想妳跟我一起去。」

聽到這個消息，我十分高興。

因為這是我第一次到夏威夷工作。

出發當天，飛機穿過雲層，慢慢降落在檀香山機場。

當我透過窗戶往外看時，眼前的景色讓我驚嘆不已。

湛藍的天空。翠綠的椰子樹。金黃色的沙灘。

遠處一望無際的太平洋。

空氣中彷彿都帶著海風的味道。

我終於明白，為什麼這麼多人喜歡夏威夷。

我們這次參加的是位於 Honolulu Convention Center 的珠寶展。

雖然是工作，但我心裡卻像在度假一樣開心。

更幸運的是，我們不用住飯店。

老闆娘的親戚住在 Diamond Head 山區的一棟豪宅裡，邀請我們住在她家。

第一次走進那棟房子時，我忍不住四處張望。

寬敞的客廳、明亮的落地窗、修剪整齊的花園。

站在陽台上，甚至可以遠遠看見蔚藍的大海。

簡直像電影裡才會出現的房子。

最令我難忘的，是老闆娘的 Auntie。

她是一位非常慈祥的女士。

每天晚上都會親自下廚，替我們準備豐盛的晚餐。

餐桌上經常擺滿各種美味佳餚。

有新鮮的海鮮。

有燒烤牛肉。

有當地特色水果。

還有她親手熬製的湯。

每次吃飯時，她總是不停地替我們夾菜。

深怕我們吃不飽。

那種家的感覺，讓我至今難忘。

珠寶展一連舉行四天。

每天早上，我們很早便到會場準備。

一進入展覽館，便看見來自世界各地的參展商。

五光十色的珠寶在燈光照射下閃閃發亮。

十分耀眼。

那幾天生意特別好。

前來參觀的顧客絡繹不絕。

很多客人都十分友善。

他們對我們設計的象牙項鍊尤其感興趣。

不少人一看到便愛不釋手。

而我們引進的日本養珠更是大受歡迎。

幾乎每天都有不錯的成交紀錄。

看到客人滿意地戴上項鍊時，我們心裡都充滿成就感。

老闆和老闆娘的笑容一天比一天燦爛。

然而，就在這段忙碌的日子裡，我開始發現自己的身體有些不一樣。

每天晚上吃完飯後，我都感到異常疲倦。

有時候才剛坐下來不久，眼皮便開始打架。

還沒和大家聊上幾句，便想回房間睡覺。

起初我以為是工作太累。

畢竟白天站在展覽會場一整天，體力消耗很大。

所以我並沒有放在心上。

可是接下來幾天，情況依然如此。

甚至有時候下午也會莫名其妙感到疲倦。

老闆娘還笑著說：

「妳是不是太想念杰，所以沒精神呀？」

大家聽了都哈哈大笑。

我自己也跟著笑了。

完全沒有想到真正的原因。

四天展覽結束後，我們帶著滿滿的收穫回到加州。

老闆對這次的成績非常滿意。

而我也很高興自己完成了一次成功的出差任務。

回到家後，杰到機場接我。

一路上，我興奮地向他分享夏威夷的一切。

可是接下來幾天，我仍然感到特別疲倦。

而且月經遲遲沒有來。

某天早上，我忽然想起夏威夷那幾天異常嗜睡的情況。

心裡閃過一個念頭。

「會不會⋯⋯」

我沒有把想法告訴任何人。

只是悄悄到藥房買了一支驗孕棒。

回到家後，我緊張地走進洗手間。

等待結果的那幾分鐘，彷彿特別漫長。

當我低頭看見驗孕棒上的兩條紅線時，整個人愣住了。

我坐在床邊。

久久說不出話來。

心裡有驚訝。

有緊張。

也有難以形容的喜悅。

原來，在夏威夷藍天白雲之下，

在 Diamond Head 溫暖的海風裡，

一個小生命已經悄悄來到我的生命之中。

我輕輕把手放在自己的肚子上。

眼淚不知不覺流了下來。

我知道，

從這一天開始，

我的人生即將進入另一個全新的階段。

當我告訴杰他將會做爸爸時，我還記得他驚訝的歡笑聲。

那時他在公司裏。不知道他有沒有告訴給他所有的同事們。

第五章 珠寶與地產

知道自己懷孕後，我的心情既興奮又忐忑。

這是我人生第一個孩子。

從小到大，我從未照顧過嬰兒，更沒有做母親的經驗。每天晚上躺在床上，我都會不自覺地想像肚子裡的小生命。

她現在長成什麼樣子了？

有沒有心跳？

將來會像爸爸還是像媽媽？

想到這些問題，我的嘴角總會不自覺地露出微笑。

然而，喜悅之餘，我也開始認真思考未來。

珠寶店的工作雖然穩定，但經常需要出差參加 Jewelry Show。

有時候一去便是好幾天。

夏威夷之行讓我第一次真正意識到，當孩子出生後，我未必還能繼續維持這樣的工作模式。

有一天晚上，我和杰坐在客廳裡聊天。

我把自己的擔憂告訴他。

「如果孩子出生後，我還要經常出差，可能不太方便。」

杰靜靜聽著。

過了一會兒，他問：

「妳有沒有想過做其他工作？」

其實這個問題，我早就在心裡想過無數次。

那段時間，美國房地產市場正處於蓬勃發展的階段。

許多人透過買賣房屋改善生活。

我身邊也有朋友從事房地產工作。

最吸引我的是，它的工作時間比較有彈性。

將來有了孩子後，我可以自行安排時間。

不必像珠寶店一樣受到固定時間限制。

於是我開始認真研究房地產經紀這個行業。

經過一段時間考慮後，我終於作出決定。

我要轉行。

從珠寶業進入房地產。

決定容易，真正實行卻不容易。

因為我還要工作。

還懷著孩子。

更重要的是，我還要負擔父母房屋的一半供款。

我根本沒有停下來休息的資格。

於是，我開始過著白天上班、晚上上課的生活。

每天早上，我照常到珠寶店工作。

晚上下班後，又匆匆忙忙趕去夜校。

有時候上課時，肚子裡的寶寶不停踢動。

我一邊聽課，一邊輕輕撫摸肚子。

心裡覺得十分奇妙。

教室裡有許多和我年紀相若的人。

有些人希望轉行。有些人希望增加收入。也有人想創業。

大家都懷抱著不同的夢想。

而我的夢想很簡單。

我希望能夠建立一份更有彈性的事業。

將來既能照顧家庭，也能幫助更多人找到屬於自己的家。

懷孕期間，許多人勸我不要太辛苦。

母親常說：

「不要那麼拼命，小心累壞身體。」

但我知道自己不能停下來。

父母的新房子需要供款。

未來孩子出生後也會增加許多開支。

身為長女，我早已習慣肩負責任。

再辛苦，我也願意承擔。

現在回頭看，那段日子雖然忙碌，卻非常充實。

因為我知道自己正在為未來努力。

一邊準備迎接人生中的第一個孩子。

一邊準備迎接人生中的第二個事業。

六個月的課程很快便結束了。

接下來便是最重要的州執照考試。

考試前一天晚上，我幾乎緊張得睡不著覺。

雖然已經準備了很久，但心裡仍然沒有把握。

畢竟這是我人生第一次挑戰全新的專業領域。

第二天，我早早來到考場。

拿到試卷時，我先閉上眼睛默默禱告。

求神賜給我智慧與平安。

然後開始答題。

幾個小時後，考試終於結束。

接下來便是漫長的等待。

當我收到通知，知道自己第一次考試便順利通過時，我高興得幾乎跳了起來。

我立刻打電話給杰。

「我考通過了！」

電話另一頭的他比我還興奮。

「我就知道妳一定可以！」

那天晚上，我們簡單地慶祝了一下。

沒有豪華餐廳。

也沒有盛大的派對。

但我們的心裡都充滿喜悅。

因為我們知道，一個新的開始正在等待著我們。

懷孕七個月時，我正式向珠寶店提出辭職。

當老闆和老闆娘知道我的決定時，都感到十分不捨。

畢竟大家一起工作多年，感情就像家人一樣。

離開的那一天，老闆娘給了我一個擁抱。

她笑著說：

「妳一定會成功的。」

我一直記得這句話。

帶著大家的祝福，我正式踏入房地產行業。

新的旅程開始了。

而我不知道的是，更大的挑戰和更大的祝福，正在前方等待著我。

懷著凱萍六個月的時候，杰的一位舊朋友雪從加拿大來灣區探望他。

我知道她曾經是杰年輕時交往過的女朋友。

那時，她已經結婚，並有一個兩歲的女兒。

那天，杰並沒有單獨去見她，而是帶著我一起吃晚飯。

見面之後，我才發現雪是一位非常溫柔親切的人。

整個晚上，她一直關心我的懷孕情況，還分享了一些照顧孕婦和嬰兒的經驗。

離開餐廳時，我心裡忽然有一種感覺。

她不像是杰以前的女朋友。

反而更像是一位關心我們的姐姐。

多年以後，每當想起那次見面，我仍然記得她臉上的笑容與真誠的祝福,, 及她臨別前對我說的一句話：

「 他是一個好男人。妳要好好照顧他。 」

第六章　二十八小時

時間過得很快。

轉眼之間，我已經懷孕九個月了。

肚子一天比一天大，走路也開始變得笨重起來。

每天早上照鏡子的時候，我都會忍不住摸摸自己的肚子。

感受著肚子裡那個小生命的存在。

有時候，她會忽然踢我一下。

有時候，又會在肚子裡翻來翻去。

每一次胎動，都讓我感到無比神奇。

我常常坐在沙發上，一邊輕撫肚子，一邊和她說話。

「Baby，你要乖乖長大哦。」

雖然她還未出生，但我已經開始期待與她見面的那一天。

懷孕後期，我仍然繼續做房地產工作。

只是減少了外出的時間。

有時客戶看到我挺著大肚子帶他們看房子，都會驚訝地說：

「妳快要生了吧？」

我總是笑著回答：

「快了。」

其實連我自己也在倒數著那一天。

終於，預產期到了。

那天凌晨兩點多，我忽然從睡夢中醒來。

肚子傳來一陣奇怪的疼痛。

剛開始並不算強烈。

我以為只是普通的不舒服。

翻個身準備繼續睡。

可是沒多久，又痛了一次。

十分鐘後，再痛一次。

我慢慢坐起來。

心裡有種預感。

我看了看時鐘。

開始計算時間。

果然，每隔幾分鐘便出現一次疼痛。

我輕輕推醒身旁的杰。

「我想……Baby 要出來了。」

杰 一下子從床上坐了起來。

原本還睡眼惺忪的他，瞬間完全清醒。

「真的嗎？」

「要不要去醫院？」

他的聲音比我還緊張。

看見他的樣子，我反而笑了。

我們按照醫生之前交代的方法，再觀察了一段時間。

當陣痛越來越頻繁時，我們終於決定出發。

天還沒亮。

街上十分安靜。

杰小心翼翼地開車。

而我坐在旁邊，一次又一次忍受著陣痛。

每一次疼痛來臨時，我都緊緊抓著車門把手。

心裡不停禱告。

到了醫院後，護士替我做檢查。

她微笑著說：

「妳已經開始進入產程了。」

聽到這句話，我既興奮又緊張。

因為我知道。

再過不久，我就要見到自己的孩子了。

然而，我完全沒有想到。

這場生產竟然持續了整整二十八個小時。

時間一點一滴過去。

陣痛越來越強烈。

我開始無法說話。

每一次疼痛襲來，都像海浪一樣把我淹沒。

護士不停鼓勵我。

杰 一直握著我的手。

替我擦汗。

替我打氣。

「妳可以的。」

「加油。」

「快見到 Baby 了。」

但到了後來，我已經累得連說話的力氣都沒有。

十個小時過去了。

十五個小時過去了。

二十個小時過去了。

我感覺全身的力氣都被抽乾。

從來沒有經歷過如此漫長而劇烈的疼痛。

有好幾次，我甚至懷疑自己是否還能堅持下去。

然而，每當我快要放棄的時候。

我便想到肚子裡的孩子。

想到她也正在努力來到這個世界。

於是我咬緊牙關繼續堅持。

終於。

在經過二十八個小時的折騰後。

產房裡忽然傳來一陣響亮的哭聲。

那是我這輩子聽過最動聽的聲音。

護士高興地說：

「恭喜妳，是個女兒！」

那一刻，我忍不住流下眼淚。

所有的痛苦、疲憊與煎熬。

彷彿都在那一瞬間消失了。

我終於見到了她。

她有著紅紅的小臉蛋。

頭髮稀疏而柔軟，貼在小小的腦袋上。

胖嘟嘟的身體。

體重八點七磅。

是一個非常健康的寶寶。

我和杰為她取名為凱萍。

當護士把她輕輕放到我身邊時，我伸出顫抖的手觸摸她的小臉。

那種感覺，我永遠無法忘記。

然而，就在大家沉浸於喜悅之中的時候。

我的身體卻開始出現異常。

我感覺越來越虛弱。

眼前的景象開始模糊。

耳邊的聲音也漸漸變得遙遠。

醫生和護士忽然忙碌起來。

我聽見有人在喊：

「快點！」

「血壓下降了！」

接著，我便失去了意識。

當我再次醒來時。

不知道已經過了多久。

病房裡十分安靜。

杰坐在床邊。

眼睛紅紅的。

看見我睜開眼睛，他立刻握住我的手。

後來我才知道。

由於生產時大量出血，我陷入昏迷。

醫院緊急替我輸了三個單位的血。

才把我從危險邊緣救回來。

當時的杰被嚇壞了。

他抱著剛出生的凱萍，不停為我禱告。

感謝神。

最終母女平安。

當護士再次把 凱萍抱到我懷裡時，我靜靜地看著她。

她已經睡著了。

小小的身體蜷縮在毛毯裡。

臉上帶著平靜的表情。

我輕輕吻了吻她的額頭。

眼淚再次流了下來。

那一刻，我忽然明白。

從今以後，我的人生不再只是為自己而活。

我是一位母親了。

而這個小生命，將會改變我的一生。

第七章 不敢告訴別人的日子

出院回家後，我以為最辛苦的日子已經過去了。

二十八個小時的陣痛。

大量失血。

三個單位的輸血。

我以為自己既然已經闖過了生死關，接下來應該只剩下快樂。

然而，我錯了。

真正的挑戰，才剛剛開始。

第一次抱著凱萍回家的那一天，我心裡既興奮又害怕。

她是那麼小，小得好像一不小心就會受傷。

每當我替她換尿布時，都小心翼翼。

每當替她洗澡時，更是緊張得滿頭大汗。

我總擔心自己做得不夠好。

擔心她吃不飽，擔心她睡不好，擔心她生病。

甚至擔心她會不會突然停止呼吸。

那段時間，我幾乎變成了一個神經緊張的母親。

白天如此。

晚上更是如此。

凱萍每隔兩三個小時便要吃奶。

我剛剛睡著，她又哭了。

剛把她哄睡，她又醒了。

有時候整個晚上只能睡兩三個小時。

長期缺乏睡眠，再加上生產後身體尚未完全恢復，我的情緒開始變得非常脆弱。

有一天，我正在替凱萍換尿布。

忽然之間，眼淚不停地流下來。

我自己也不知道為什麼哭。

孩子沒有生病。家裡也沒有發生什麼事情。

可是我就是想哭。

而且停不下來。

我急忙轉過身，不想讓家人看見。

因為我覺得自己很奇怪。

明明剛剛生下一個健康可愛的女兒。

明明有樂意替女兒餵奶換尿布的丈夫，有支持我的家人。

我應該感到幸福才對。

為什麼卻一點也快樂不起來？

那時候，「產後憂鬱症」這個名詞還不像今天那麼普遍。

很多人根本不了解這種情況。

包括我自己。

我一直以為是自己不夠堅強。

是自己太脆弱。

於是我把所有情緒都藏在心裡，不敢告訴別人。

每天晚上，當大家都睡著後，我卻躺在床上胡思亂想。

我開始擔心很多事情。

擔心自己能不能當一個好媽媽。

擔心未來的經濟壓力。

擔心孩子長大後會遇到什麼困難。

甚至擔心如果有一天我不在了，誰來照顧她。

現在回想起來，那些擔憂有些根本毫無道理。

但在當時，它們卻真實地折磨著我。

有時候，我抱著熟睡中的凱萍，看著她粉嫩的小臉。

心裡明明充滿愛。

卻又同時感到一股莫名的壓力。

彷彿從今以後，我必須對另一個人的人生負責。

這份責任既神聖又沉重。

幸好，杰很快察覺到我的異樣。

有一天晚上，他輕輕問我：

「妳最近是不是不太開心？」

聽到這句話，我的眼淚立刻掉了下來。

彷彿壓抑了很久的情緒，終於找到出口。

我哭了很久很久。

把心裡所有的不安和害怕都告訴了他。

杰一直安靜地聽著。

沒有責備。

沒有批評。

只是輕輕握著我的手。

等我哭完後，他對我說：

「妳已經做得很好了。」

「沒有人天生就懂得當媽媽。」

「我們一起學。」

簡單的幾句話，卻給了我很大的安慰。

母親知道我的情況後，也常常過來幫忙。

有時替我煮湯。有時幫忙照顧孩子。

讓我能夠多睡一會兒。

婆婆也經常抱著凱萍，讓我休息。

那時候我才明白。

養育一個孩子，從來不是一個人的工作。

而是一整個家庭共同的付出。

慢慢地，在家人的陪伴和支持下，我開始走出那段低潮。

雖然過程並不容易。

但我一天比一天堅強。

一天比一天有信心。

我開始學會接受自己的不完美。

也接受自己偶爾會疲倦、會害怕、會犯錯。

因為我終於明白：

母親不需要完美。

母親只需要願意去愛。

多年後，當我回頭看這段日子時，我不再感到羞愧。

反而充滿感恩。

因為那段黑暗的日子，讓我學會了依靠神。

也讓我更加珍惜家人的愛。

而凱萍，也在我們滿滿的愛與祝福中，一天天健康地長大。

不知不覺，她即將迎來人生第一個生日。

第八章 第一個生日派對

日子就在忙碌與喜樂之中悄悄流逝。

有時候回頭看看，我甚至不明白時間究竟跑到哪裡去了。

昨天才剛剛把小凱萍從醫院抱回家。

轉眼之間，她已經快要一歲了。

這一年裡，我看著她一天一天成長。

第一次微笑。第一次翻身。第一次坐起來。第一次爬行。

每一個「第一次」，都令我和杰興奮不已。

我們像所有新手父母一樣，總覺得自己的孩子是世界上最可愛的孩子。

即使只是學會拍手，也足以讓我們高興一整天。

我還記得她第一次叫「媽媽」的那一天。

當時我正在廚房準備晚餐。

忽然聽見身後傳來一個模糊卻熟悉的聲音：

「媽……媽……」

我以為自己聽錯了。

急忙轉過身。

只見凱萍坐在地毯上，正望著我。

然後又叫了一聲：

「媽媽。」

那一刻，我激動得眼淚都快掉下來。

所有照顧孩子的疲倦，彷彿都在那一瞬間消失了。

杰回家後，我立刻告訴他這個好消息。

他不相信。

結果當天晚上，凱萍 又當著他的面叫了一聲：

「媽媽。」

杰立刻笑著說：

「不公平，我每天那麼努力工作，她第一個竟然叫媽媽！」

全家人都笑了起來。

不久之後，她又開始學走路。

剛開始時總是搖搖晃晃。

走兩步便跌倒。

跌倒了又爬起來。

再跌倒。再爬起來。

看著她那股永不放棄的精神，我心裡常常想：

也許這就是人生。

跌倒了，再站起來。

一步一步往前走。

這大概也是我後來把書名取作《逆風而行》的原因之一。

因為人生從來不可能一路順風。

重要的是跌倒之後，還願不願意繼續向前。

終於，凱萍的第一個生日來臨了。

這是我們家的一件大事。

不但我和杰十分重視，雙方家人也非常期待。

經過商量後，我們決定替她舉辦兩個生日派對。

第一個邀請杰的朋友和同事。

第二個則邀請我的朋友和親戚。

派對前幾天，我便開始忙著準備。

訂蛋糕、採買食物、佈置場地、準備飲料。

那時候沒有現在這麼方便的網路訂購服務。

很多事情都必須親自去辦。

雖然忙得團團轉，但心裡卻充滿期待。

第一場生日會當天，家裡十分熱鬧。

客廳裡擠滿了人。

大家帶著禮物前來祝賀。

有人送洋娃娃。

有人送兒童書。

有人送小衣服。

凱萍被大家圍在中間，像個小公主一樣。

她似乎也感受到大家對她的疼愛。

一直笑個不停。

最有趣的是吹蠟燭環節。

當生日蛋糕推出來時，所有人一起唱生日歌。

凱萍坐在高腳椅上，一臉好奇地望著眼前閃爍的燭光。

她完全不知道發生什麼事。

只是睜著圓圓的大眼睛，不停望來望去。

大家都被她可愛的模樣逗得哈哈大笑。

第二個生日派對則聚集了我的親朋好友。

其中德和華也來了。

那時候華已經懷孕好幾個月。

肚子圓圓的，非常明顯。

後來出生的沛，當時還在媽媽的肚子裡呢。

看著華挺著大肚子走進門，我忽然想起自己一年前懷著凱萍的情景。

時間過得實在太快了。

彷彿昨天才剛知道自己懷孕。

如今女兒已經一歲。

而朋友們也即將迎接新的生命。

大家圍坐在一起聊天。

談論孩子，談論家庭，談論未來。

孩子們在客廳裡跑來跑去。

大人們則在餐桌旁分享近況。

空氣中充滿歡笑聲。

那一天，我靜靜坐在角落，看著眼前熱鬧的畫面。

心裡充滿感恩。

我想起自己曾經歷的逃難歲月。

想起那些漂泊不定的日子。

想起初到美國時的艱難。

如果有人在當年告訴我：

有一天妳會有自己的家庭。

有愛妳的丈夫。

有可愛的女兒。

有一群關心妳的朋友。

我大概不敢相信。

然而，神一步一步帶領我走到今天。

人生雖然仍然有許多挑戰。

但此時此刻，我的心裡只有感謝。

因為我知道。

自己是被祝福的人。

而眼前這個正在開心吃蛋糕的小女孩，

正是神送給我們最珍貴的禮物。

看著凱萍滿臉奶油的笑容，

我默默地向神獻上感謝。

也期待著未來更多美好的日子。

只是那時候的我並不知道，

更大的挑戰和更多精彩的故事正待着。

第九章 帶著嬰兒開放屋子

凱萍一歲生日過後，我開始認真思考重返職場的事情。

雖然我非常享受陪伴女兒成長的每一天，但現實生活裡還有許多責任等著我去承擔。

父母親的房子仍然需要供款。

家裡的日常開支也不能只依靠杰一個人。

更何況，我剛剛考取了房地產執照。

如果長時間不工作，之前所有的努力可能就白費了。

可是，要把一個剛滿一歲的孩子交給別人照顧，對任何母親來說都不是一件容易的事。

那段時間，我經常為此禱告。

求神替我預備一位可靠的人。

有一天，朋友向我介紹了一位姓范的婆婆。

她住在離我們家不遠的地方，剛好也在照顧自己的外孫。

朋友說：

「妳不如去見見她。」

「她很有愛心，也很喜歡小朋友。」

於是我們帶著凱萍去拜訪她。

第一次見面時，范婆婆臉上掛著親切的笑容。

她一看見凱萍，立刻伸出雙手。

「來，給婆婆抱抱。」

沒想到平時有些怕生的凱萍，竟然乖乖讓她抱。

還對著她笑。

看見這一幕，我心裡頓時放鬆了許多。

接下來幾天，我陸續帶凱萍去適應環境。

而范婆婆也十分細心。

她會記錄孩子什麼時候吃奶，什麼時候睡覺，喜歡玩什麼玩具。

甚至連她愛吃什麼都會特別留意。

慢慢地，我終於放心把凱萍交給她照顧。

那一天，當我開車離開時，心裡其實很不捨。

我一邊開車，一邊不停從後視鏡裡看向後方。

雖然知道她很安全，但仍然忍不住掛念。

這大概就是做母親的心情吧。

無論孩子多大，心裡總是放不下。

重新投入房地產工作後，我的生活再次忙碌起來。

每天不是約客戶，就是帶人看房。

還要研究市場行情、準備文件和安排開放屋子。

幸好那時候灣區房地產市場十分活躍。

雖然我是新人，但仍然有不少學習機會。

然而，有時候事情並不總是按照計劃進行。

有些週末忽然接到開放屋子的安排。

有些客戶臨時要求看房。

而范婆婆也偶爾會有自己的事情需要處理。

於是，我做了一件現在想起來仍覺得很有趣的事。

我決定帶著凱萍一起工作。

那時候，我買了一個手提嬰兒籃。

每次有開放屋子時，我便把她放進籃子裡。

和杰帶著她一起去。

剛開始時，我還擔心客戶會不會介意。

沒想到結果完全相反。

許多客戶一走進門。

第一眼看見的不是房子。

而是坐在客廳角落裡的凱萍。

她有一雙大大的眼睛。

圓圓的臉蛋。

總是安安靜靜地坐在籃子裡東張西望。

非常討人喜歡。

有位老太太進門後，立刻走過去蹲下來。

笑著說：

「這是妳的小幫手嗎？」

我笑著回答：

「是啊，她是今天最年輕的助手。」

老太太哈哈大笑。

接著整個看房過程都特別愉快。

還有一次，一對年輕夫婦來看房。

太太一看見凱萍，眼睛都亮了。

她抱著自己的肚子說：

「我也懷孕了。」

結果房子還沒看完，我們已經聊起了懷孕和育兒經驗。

後來他們真的買下了那間房子。

每次想到這些趣事，我都覺得十分有意思。

很多人說做房地產是賣房子。

但我慢慢發現。

其實賣的並不只是房子。

而是一個家的夢想。

來看房的人，有些剛剛結婚。

有些準備生孩子。

有些希望替父母換一個更舒適的環境。

每一棟房子背後，都有一個家庭的故事。

也正因為如此，我特別喜歡這份工作。

而凱萍，彷彿也成了我最小的工作夥伴。

有時候客人離開後，她會坐在嬰兒籃裡咯咯地笑。

有時候則抱著奶瓶安靜地看著來來往往的人群。

雖然她還不懂什麼是房地產。

但她卻陪伴著我走過事業起步最重要的一段路。

如今回想起來，那是一段既辛苦又幸福的歲月。

白天忙著工作，晚上忙著照顧孩子。

常常累得一坐下來就想睡覺。

有一天，杰忽然對我說了一句話，讓我十分驚喜的意外。

「看見妳每天工作那麼辛苦，我真想替妳分擔一點。」

我笑著問：
「怎麼分擔呀？」

他一本正經地回答：
「我要去考房地產經紀（Broker）執照，這樣就可以陪妳一起做開放房子。」

我愣住了。

「房地產經紀執照需要三年的房地產工作經驗。」我說。
「你沒有這三年的經驗，而且還要修更多課程。你是說考銷售員執照吧？」

「房地產經紀。」他笑著指了指自己的腦袋。

「我有碩士學位，可以豁免那三年的工作經驗。」

「可是…」

他輕輕抱住我，笑著說：

「相信我。」

沒過多久，他便報名了網上課程，買來教材，每天下班後便讀書、一科一科地考試。

幾個月後，他真的順利考取了房地產經紀的執照。

從那以後，他開始幫我審閱房地產文件，也會在我忙不過來時替我主持房屋開放。雖然他從來沒有打算成為一位全職房地產經紀，也沒有真正賣過一間房子，但有了這張房地產經紀執照，他便能名正言順地在工作上支持我，讓我可以騰出更多時間陪伴凱萍。

多年後回頭看，我才明白，這就是杰對愛的人的方式。

每當他看見自己所愛的人肩上背負著重擔，他想到的從來不是站在旁邊鼓勵，而是默默走過去，幫她一起扛。

我生活覺得輕鬆了點。

每當看見女兒健康快樂地成長，

看見客戶拿到新家鑰匙時臉上的笑容，

我便覺得一切都值得。

但那時候的我並不知道。

人生很快便會迎來另一場巨大的考驗。

而那場考驗，將會改變整個灣區，也改變我們一家人的生活。

第十章 大地震的驚魂

1989年10月17日，是我一生中永遠無法忘記的一天。

那段時間，由於房地產市場開始放緩，我正在考慮增加自己的專業技能，希望將來除了房地產之外，也能發展保險事業。

於是，我報名參加保險執照考試的培訓課程。

每個星期都會到聖荷西上課。

那天下午，我正在教室裡專心聽課。

老師正在講解保險法規。

同學們低頭抄筆記。

一切看起來和平常沒有什麼不同。

突然間，我感覺椅子微微晃動了一下。

剛開始我以為是自己坐得不穩。

可是幾秒鐘後，整張桌子開始劇烈震動。

天花板發出吱吱嘎嘎的聲音。

牆壁也跟著搖晃起來。

有人驚叫：

「**地震！**」

整個教室頓時陷入混亂。

桌椅不停移動。

燈光左右搖擺。

有人躲到桌子底下。

有人衝向門口。

老師則不停大喊：

「快伏低！快伏低！」

我緊張得心跳加速。

連忙抓住桌子邊緣。

這是我有生以來經歷過最強烈的一次地震。

整棟大樓像在大海裡漂浮的小船一樣不停搖晃。

我感覺地板彷彿隨時會裂開。

透過窗戶往外望去，眼前的一幕令我終生難忘。

街道旁的電燈柱正在劇烈搖擺。

接著竟然冒出一串火花。

藍白色的火光在空中閃爍。

彷彿電影災難片中的畫面。

我從來沒有看過這樣的景象。

心裡頓時充滿恐懼。

然而，真正讓我害怕的不是地震本身。

而是我的家人。

那時候，凱萍還很小，正在范婆婆家裡。

而杰正在三藩市上班。

婆婆則一個人獨自在家裏。

地震停止後，我腦海裡只有一個念頭：

我要知道他們是否平安。

課堂早已無法繼續。

大家紛紛離開教室。

有人哭泣。

有人焦急地找電話。

街道上到處都是驚慌的人群。

警車和消防車的聲音此起彼落。

我急忙找到一部公用電話。

第一個電話打給范婆婆。

電話響了很久。

終於接通。

當我聽到范婆婆熟悉的聲音時，差點哭出來。

「凱萍怎麼樣？」

我緊張地問。

范婆婆回答：

「沒事，沒事，她很好。」

「剛剛地震時有點嚇到，但現在已經沒事了。」

聽到這句話，我終於鬆了一口氣。

懸在半空中的心總算放下一半。

接著我立刻撥打杰的電話。

沒人接。

再打一次。

還是沒有。

第三次。第四次。第五次。

依然沒有回應。

我開始慌了。

不停重複撥號。

可是電話線路似乎完全癱瘓了，根本打不通。

後來我才知道，地震造成許多地區停電，電話系統也受到嚴重影響。

那幾個小時，是我人生中最漫長的幾個小時。

我不停地禱告，
不停地求神保守杰的平安。

那個年代沒有手機，
沒有簡訊，
更沒有社交媒體。

一旦失去聯絡，
就真的完全不知道對方身在何處。

我急忙跳上車子，
用最快的速度趕回家。

路上的車輛擠得水洩不通。

當我看到油錶上的指針一點一點往下掉時，
心裡更加緊張。

如果汽油不夠，
半路拋錨怎麼辦？

感謝神，
我終於平安回到了家。

一打開家門，
就看見杰不停地看著手錶。

婆婆抱著已經睡著的小凱萍，
坐在客廳裡等候。

杰一看見我，
立刻快步走過來，
緊緊地把我抱在懷裡。

然後低下頭，
深深地吻了我一下。

「妳平安回來就好了。
我快擔心死了。」

那一晚，
我們沒有電，
沒有燈光。

但一家人終於能夠確認彼此平安。

感謝神。

後來，我問杰地震發生時，他那邊的情況怎樣。

他說，他們剛從三樓搬到七樓不久，那天也沒有加班。

地震發生時，他們都還在辦公室裡。

「七樓搖得很厲害，」他說。
「大家都留在裡面。等了十多分鐘，確定沒有危險後，才陸續離開。」

我問他：

「你害怕嗎？」

他笑了笑。

「忘了我是土木工程師嗎？對地震，我們總比一般人懂得多一點。」

說到這裡，他停了一下。

「我真正擔心的，是妳們。」

這 Loma Prieta 地震是7.1級（後來調為 6.9 級），是灣區多年來一個很大的地震。

雖然地震造成灣區許多地方受損，但我們一家人都平安無事。

然而，這場地震帶來的影響並沒有就此結束。

接下來幾個月，灣區房地產市場受到很大衝擊。

許多人對未來感到不確定。

原本準備買房的人開始觀望。

有些交易甚至在最後關頭取消。

而這場經濟上的震盪，也將帶領我走向另一條人生道路。

那就是保險事業。

當時的我並不知道。

這場地震雖然令人害怕。

卻也成為 神 帶領我人生轉彎的一個重要契機。

有時候，人生就是如此。

當一扇門關上時。

神 往往已經在另一個方向，為我們預備了一扇新的門。

第十一章 保險世界

身為房地產經紀的我，很快便感受到市場受到地震影響的變化。

雖然我仍然努力工作，但收入已經不像之前那麼穩定。

我知道自己不能只依賴單一收入來源。

於是，我決定正式踏入保險行業。

不少成功的保險經紀收入相當可觀。

當時的我並沒有想過要賺大錢。

我只是希望能夠學習更多金融知識，同時替家庭建立更穩定的收入來源。

於是我開始參加各種保險培訓課程。

剛開始接觸時，我才發現保險的世界比我想像中複雜得多。

厚厚的教材。

密密麻麻的條文。

各種不同類型的產品。

讓我常常讀到半夜。

但越學習，我越覺得這是一門非常重要的專業。

因為保險不只是賣產品。

而是在別人最需要幫助的時候，給予保障。

經過一段時間學習後，我了解到當時市場上的人壽保險大致分為三種。

第一種是 Term Life Insurance（定期人壽保險）。

第二種是 Variable Life Insurance（投資型人壽保險）。

第三種是 Whole Life Insurance（終身人壽保險）。

很多新人業務員剛開始接觸這些產品時，都會被高額佣金吸引。

尤其是 Variable Life Insurance。

保費高。

佣金也高。

許多保險公司在培訓課程中都特別鼓勵業務員推銷這類產品。

有些講師甚至會直接告訴我們：

「如果想賺錢，就賣 Variable。」

然而，當我深入研究之後，卻有不同的看法。

我發現對許多年輕家庭來說，最需要的其實是保障。

而不是複雜的投資產品。

一個剛買房子、有房貸、有小孩的家庭，最重要的是當家庭經濟支柱發生意外時，家人仍然能夠維持生活。

而在這方面，Term Life Insurance 往往是最實際的選擇。

它的保費最便宜。

保障額卻最高。

非常適合一般家庭。

唯一的缺點是：

佣金最少。

有一次，在公司培訓會議後，一位資深經紀對我說：

「萍，妳這樣賣保險很難賺大錢。」

我笑著問：

「為什麼？」

他回答：

「因為妳總是替客戶省錢。」

大家聽完都笑了。

但我知道自己想做什麼。

我一直認為：

保險是一份良心事業。

如果客戶只需要一把雨傘，

我不能因為佣金較高，

就硬要賣給他一艘船。

也許這樣做會少賺很多錢。

但晚上睡覺時，我能夠心安理得。

我始終相信：

誠信比佣金更重要。

那段時間，我服務過許多不同背景的客戶。

有剛結婚的年輕夫妻。

有努力打拼的移民家庭。

也有準備退休的長者。

每一次坐在客戶面前，我都會先了解他們的需要。

而不是急著推銷產品。

我常常對客戶說：

「保險不是為了今天。」

「而是為了保護你最愛的人。」

有些客戶後來告訴我：

「我們願意跟妳買保險，不是因為產品。」

「而是因為相信妳。」

每當聽見這些話，我都十分感動。

因為我知道。

客戶買的不只是保單。

更是一份信任。

除了人壽保險之外，我也開始接觸退休理財規劃。

其中包括 Annuity（年金）產品。

剛開始學習年金時，我感到十分新鮮。

因為它讓我第一次接觸到退休收入規劃的概念。

我開始了解如何幫助客戶為未來作準備。

如何讓退休生活更加穩定。

這些知識後來不但幫助了我的客戶。

也幫助了我自己。

回頭看，那幾年雖然辛苦。

白天做房地產。

晚上研究保險。

週末還要照顧年幼的凱萍。

常常忙得連休息時間都沒有。

但那段經歷卻讓我學會了很多。

我學會如何服務客戶。

如何建立信任。

如何在金錢與原則之間作出選擇。

更重要的是，

我學會了無論身處哪一個行業，

都要堅持自己的信念。

因為真正能夠走得長遠的，

從來不是最聰明的人。

而是最值得信任的人。

就在我的保險與房地產事業逐漸穩定下來的時候，

神又為我們的家庭預備了另一份驚喜。

第十二章 神給我們的第二份禮物

時間過得很快。

不知不覺間，凱萍已經長大了許多。

她開始會說話。

會唱兒歌。

也開始有自己的小脾氣。

家裡因為有了她，充滿歡笑與活力。

而我的事業也逐漸步上軌道。

房地產和保險兩份工作雖然忙碌，但彼此並不衝突。

有時房地產客戶需要保險規劃。

有時保險客戶又會向我請教買房子問題。

兩個行業互相配合，讓我有更多機會認識不同的人。

雖然每天忙得團團轉，但生活十分充實。

就在這樣平凡而忙碌的日子裡，神又為我們的家庭預備了一份特別的禮物。

1993年的一天，我像往常一樣到家庭醫生診所做年度健康檢查。

我的家庭醫生是 Dr. Patricia Zhang。

多年來，她一直照顧我們一家人的健康。

每年定期檢查時，她總是十分細心。

那天檢查完畢後，她看著報告微微一笑。

然後對我說：

「Lily，恭喜妳。」

我愣了一下。

「恭喜什麼？」

她笑得更開心了。

「妳懷孕了。」

聽見這句話，我一時之間說不出話來。

雖然我和杰一直希望家裡能再添一個孩子。

但真正聽見這個消息時，我仍然感到又驚又喜。

離開診所時，我坐在車裡久久沒有發動引擎。

我把手輕輕放在肚子上。

心裡默默向神獻上感謝。

神又賜給我們一個孩子。

Dr. Patricia Zhang 很快替我安排轉介。

而我的婦產科醫生，竟然是 Dr. Ming Quan。

聽到這個名字時，我忍不住笑了。

因為幾年前，我曾經聽朋友提起過他。

據說他在試管嬰兒方面相當有名。

甚至有人說，他能透過先進技術幫助父母選擇生男孩或女孩。

當年我只是聽聽而已。

沒想到多年後，竟然真的成為他的病人。

第一次見面時，Dr. Ming Quan 十分親切。

他仔細查看我的檢查資料。

然後笑著問：

「這次希望是男孩還是女孩呢？」

我想也沒想便回答：

「無論男孩還是女孩，我都接受。」

「只要孩子健康就好。」

他微笑著點點頭。

「這是最好的答案。」

從那天開始，Dr. Ming Quan 便負責我整個懷孕期間的產檢。

因為有了第一次懷孕的經驗，這一次我比當年輕鬆許多。

雖然仍然需要工作。

仍然要照顧凱萍。

但心裡已經沒有第一次做媽媽時那種手忙腳亂的感覺。

反而多了一份期待。

其中一次產前檢查時，醫生替我做超聲波檢查。

當時凱萍也跟著一起來。

她乖乖坐在椅子上，好奇地看著螢幕。

醫生一邊檢查，一邊微笑。

過了一會兒，他轉頭看著我說：

「恭喜妳。」

「是男孩子。」

那一刻，我的心裡充滿難以形容的喜悅。

並不是因為男孩比較好。

而是想到家裡將同時擁有一個女兒和一個兒子。

我便覺得十分幸福。

回家後，我迫不及待把消息告訴杰。

當他聽見自己將會有一個兒子時，臉上的笑容怎樣也藏不住。

雖然他一直說：

「男孩女孩都一樣。」

但我知道，他心裡其實十分高興。

至於凱萍，她那時還不太明白什麼是弟弟。

我告訴她：

「媽媽肚子裡有個 Baby。」

她立刻跑過來。

把耳朵貼在我的肚子上。

認真地聽了很久。

然後抬起頭問：

「Baby 在睡覺嗎？」

我們全家都被她逗笑了。

從那天開始，她經常和我的肚子說話。

有時唱歌給弟弟聽。

有時又告訴弟弟：

「我是姐姐。」

現在回想起來，那些畫面仍然十分溫馨。

懷孕期間，我依然保持忙碌的生活。

白天見客戶。

晚上處理保險文件。

週末帶客戶看房。

許多人知道我懷孕後，都勸我多休息。

但我始終閒不下來。

也許是多年來養成的習慣。

總覺得還有很多事情要做。

還有很多責任要承擔。

然而，每當夜深人靜時。

我總會輕輕撫摸著肚子。

感受腹中孩子的胎動。

心裡充滿平安。

因為我知道。

神 正在為我們的家庭預備另一份珍貴的禮物。

而這個孩子，

後來成為了我們最疼愛的兒子——凱智。

很可惜，當兒子還沒來臨時，家庭卻發生了改變。

第十三章 婆婆的道別

就在凱智出生後的前一年裡，我們慢慢發現婆婆正在發生變化。

剛開始時，只是一些很小的事情。

例如剛剛說過的話，轉眼便忘記了。

或者把東西放在某個地方，過幾分鐘便到處尋找。

大家都以為那只是正常的年老健忘。

畢竟上了年紀的人，多多少少都會有這種情況。

所以誰也沒有特別在意。

可是隨著時間過去，情況卻越來越明顯。

有一天，我回到家裡，聞到一股焦味。

急忙跑進廚房查看。

原來婆婆煮東西時打開了爐頭，卻忘記自己正在煮食。

鍋裡的食物早已燒焦。

火仍然繼續燃燒著。

幸好我們及時發現。

否則後果不堪設想。

那天晚上，全家人都嚇出一身冷汗。

杰更是不停說：

「幸好沒出事。」

「真的太危險了。」

然而，真正讓我們開始擔心的，是另一件事情。

婆婆一直很喜歡到街角的菜店買菜。

那家店離家不遠。

走路大約十分鐘便到。

多年來，她幾乎每天都會去。

附近街坊也都認識她。

有一天中午，她像往常一樣提著菜籃出門。

可是到了傍晚還沒有回來。

大家開始感到不安。

杰立刻開車到附近尋找。

我也帶著孩子到處打聽。

正當我們焦急萬分的時候，一位鄰居把婆婆送了回來。

原來她買完菜後，竟然忘記了回家的路。

她拿著菜籃站在街角。

不停東張西望。

完全不知道自己身在何處。

幸好有熟悉她的鄰居認出她。

否則後果真的不敢想像。

那天晚上，我看見婆婆坐在沙發上。

眼神裡帶著一絲迷茫。

我的心忽然沉了下去。

我知道，事情已經不是單純的健忘。

後來醫生的診斷證實了我們的猜測。

婆婆患上了老人痴呆症（Alzheimer's Disease）。

聽到這個消息時，全家人都沉默了。

因為我們都明白。

這是一條無法逆轉的路。

從那天開始，我們盡可能安排家人陪伴她。

不讓她獨自出門。

不讓她一個人在家。

可是隨著病情惡化，照顧工作變得越來越困難。

有時候她會忘記剛吃過飯。

又要求再吃一次。

有時候她認不出自己的兒子。

甚至有時候半夜起床，以為自己還住在幾十年前的老家。

每當看見她迷惘的表情，我心裡都十分難受。

我永遠記得剛嫁入梁家的時候。

婆婆對我很好。

她待我如同親生女兒。

我們一起吃飯。

一起聊天。

一起照顧家庭。

如今，看著她的記憶一點一點流失。

就像看著一本珍貴的相冊慢慢被風吹散。

那種無力感，實在令人心痛。

最後，我和杰以及他的兩位哥哥坐下來開家庭會議。

大家討論了很久。

每個人心裡都十分掙扎。

因為沒有人願意把自己的母親送到養老院。

可是大家也知道。

以婆婆目前的情況，她已經需要二十四小時專業照顧。

這已經超出我們能夠負荷的範圍。

經過無數次討論和禱告之後。

我們終於作出一個艱難的決定。

把婆婆安置去一個華人經營的護理養老院。

搬進養老院那一天，我們全家陪著她一起去。

她安靜地坐在輪椅上。

似乎不太明白發生什麼事情。

護理人員十分親切地向她打招呼。

帶她參觀房間。

介紹環境。

而我的眼淚卻一直在眼眶裡打轉。

離開前，我蹲在她身旁。

輕輕握著她的手。

她看著我。

露出熟悉而慈祥的笑容。

那一瞬間，我彷彿又看見當年那位疼愛我的婆婆。

走出養老院大門時，我終於忍不住哭了。

杰也沉默了很久。

那一天，我們都知道。

人生正在進入另一個階段。

孩子們正在長大。

而我們的父母，卻正在慢慢老去。

這是每個家庭都必須面對的人生課題。

雖然不捨，雖然心痛，

但我們知道。

愛，不一定是把一個人留在身邊。

有時候，愛是給她最安全、最適合的照顧。

從那以後，我們經常帶著凱萍去探望婆婆。

有時候她記得我們。

有時候她不記得。

但每次看見孫女，她總會露出笑容。

而那個笑容，

成為我記憶中最溫暖的畫面之一。

婆婆在安老院住了幾個星期後，漸漸開始適應那裡的生活。

我們一家三口經常去探望她，有時杰的兩位哥哥也會一起來。很多時候，我們會接她出去餐館吃飯，然後再送她回安老院。

可是，我們也慢慢察覺到，她對周圍環境的感覺愈來愈模糊，說話也愈來愈少。

一天晚上，杰睡在我身旁時，我忽然聽見他低聲啜泣。

我轉過身去，看見他的臉上滿是淚水。

「怎麼了？」我輕聲問。

他沉默了一會兒，才慢慢地說：

「我……我很惦掛着媽媽……」

「那我們明天就去看她。」我說。

第二天，我們來到安老院時，一位職員迎上前來。

「你們的母親從床上跌了下來，髖骨摔裂了，現在正在醫院接受手術。」

一位八十多歲的老人家摔斷了骨頭？

我們立刻趕到醫院，剛好看見她被推出手術室。

她靜靜地躺著，似乎不知道周圍發生了什麼事。

之後，我們陪著她回到安老院。

每個人的心裡都十分難受。

幾個星期後，安老院又打來電話。

「你們的母親中風了，現在在醫院。我們已經無法繼續照顧她。」

我們再次趕到醫院。

社工和護士安排她轉到舊金山金門公園附近的一家專業護理中心。

她已經無法吞嚥食物，只能靠腹部的餵食管維持營養。

杰和他的兩位哥哥輪流去探望母親，並在病床旁放了一本筆記本，記錄每天的情況，方便兄弟三人互相了解母親的近況。

那幾個星期裡，我看著一向開朗、自信的丈夫，變成一個憂心忡忡、經常落淚的兒子。

那段日子並沒有持續太久。

三個月後，醫院打來電話。

「你的母親因為肺炎併發症，今天黃昏時過世了。」

那天距離凱智的產期只有幾個月。

婆婆始終見不到、抱不到她的孫兒。

第十四章 凱智的誕生

婆婆的葬禮很簡單。

杰的哥哥早在多年前，已經把公公的遺骨從香港運來美國，安葬在這裡的墓園裡。

這一次，我們把婆婆安葬在公公身旁。

我沒有參加葬禮。

長輩們都說，懷孕的婦人不宜參加葬禮，因為過度悲傷的情緒可能會影響胎兒。

所以，我只能留在家裡，

默默地思念婆婆，
也為她獻上禱告。

* * *

懷孕進入後期後，我們全家人都開始期待這個小生命的來臨。

尤其是凱萍。

自從知道媽媽肚子裡有個弟弟之後，她每天都十分興奮。

每天早上起床，她第一件事就是跑過來摸摸我的肚子。

有時還會把自己的小玩具放在我肚子旁邊。

然後認真地說：

「這個是給弟弟玩的。」

有一天，她把耳朵貼在我的肚皮上。

安靜地聽了很久。

然後忽然抬起頭來問：

「媽媽，弟弟什麼時候出來陪我玩？」

我和杰都被她逗得哈哈大笑。

在她幼小的世界裡，她以為弟弟一出生就可以陪她玩遊戲。

那份天真與期待，至今仍然深深留在我的記憶裡。

然而，懷孕的後半段並不輕鬆。

就在懷孕進入第六個月的時候，一件意想不到的事情發生了。

有一天早上起床時，我發覺左腿特別腫脹，而且疼痛得厲害。

起初我以為只是懷孕期間常見的水腫，並沒有太在意。

可是接下來幾天，情況不但沒有改善，反而越來越嚴重。

整條左腿又腫又痛，走起路來十分困難，每走一步都感到疼痛。

我心裡開始感到不安。

身為準媽媽，我最擔心的不是自己，而是肚子裡的孩子。

於是我立刻聯絡我的婦產科醫生 Dr. Ming Quan。

他聽完我的情況後非常重視，馬上安排我到醫院接受 Ultrasound（超聲波）檢查。

檢查結果出來後，醫生告訴我：

「妳左腿靜脈裡有血栓（Blood Clot）。」

聽到這個消息，我頓時愣住了。

我從來沒有想過自己會遇上這種情況。

醫生解釋，如果血栓脫落，隨著血液流到肺部，可能引起肺栓塞，情況十分危險。

為了安全起見，他立即把我轉介給一位血管專科醫生。

專科醫生詳細檢查後，決定替我進行抗凝血治療。

由於當時我正懷孕，許多口服藥物可能影響胎兒發育，因此不能使用。

醫生替我處方了一種注射式的抗凝血藥物，要求每天按時注射。

當護士向我示範如何把針打進腹部皮下時，我心裡其實非常害怕。

畢竟從小到大，我最怕打針。

更何況現在還要每天替自己注射。

然而，想到肚子裡的孩子，我知道自己必須堅強。

幸好，我本身懂得針灸。

對針具並不陌生。

於是每天早上，我都按照醫生的指示，小心翼翼地把藥物注射到肚皮的皮下組織。

每一次拿起針筒時，我都會先向神禱告。

求神保守我和腹中的孩子平安。

那段日子雖然辛苦，但感謝神，治療效果十分理想。

血栓沒有繼續惡化。

腹中的寶寶也一直健康成長。

這次經歷讓我深深體會到，生命其實十分脆弱。

但同時也讓我更加相信，無論遇到什麼困難，只要依靠 神，就總能找到力量繼續走下去。

後來回想起來，我常覺得 凱智還未出生，便已經陪著媽媽一起經歷了一場考驗。

除了之前發現腿部血栓之外，我仍然繼續兼顧房地產和保險工作。

許多客戶看見我挺著大肚子，仍然忙著帶人看房，都感到十分驚訝。

有人甚至問：

「妳為什麼不在家休息？」

我總是笑著回答：

「因為我還有夢想，也有責任。」

其實我心裡很清楚。

除了自己的家庭之外，我還肩負著父母房屋貸款的一半供款。

生活不容許我停下腳步。

但感謝神，一切都平安順利。

每次產檢時，醫生都說孩子十分健康。

胎心音強而有力。

發育情況也十分理想。

這讓我安心不少。

隨著預產期一天天接近，我開始替弟弟準備嬰兒床、衣服和用品。

凱萍更是忙得不得了。

她每天都要跑去看看嬰兒床。

有時還會自己把毛公仔放進去。

然後一本正經地說：

「弟弟睡這裡。」

終於，1994年的春天來到了。

那一天，熟悉的陣痛再次開始。

由於有了第一次生產的經驗，這次我比當年冷靜得多。

杰卻還是一樣緊張。

當我告訴他：

「我想差不多要去醫院了。」

他立刻開始收拾東西。

那副手忙腳亂的模樣，讓我忍不住笑了出來。

到了醫院後，一切進行得十分順利。

相比起凱萍 出生時二十八個小時的漫長陣痛，這一次顯得輕鬆許多。

當產房裡響起嬰兒洪亮的哭聲時，我知道：

我們的兒子來了。

護士高興地說：

「恭喜，是個健康的男孩！」

很快地，護士把他抱了出來。

我聽到杰正準備伸手接過兒子時，護士卻沒有立刻把孩子交給他。

她笑著說：

「這孩子實在太可愛了！讓我再抱他一會兒。」

後來他告訴我，當他第一次看見凱智時，立刻明白護士為甚麼捨不得把孩子交給他。

他長著一頭烏黑濃密的頭髮，大大的圓眼睛特別有神。

最特別的是，他既沒有睡覺，也沒有哭鬧。

他只是睜大眼睛，不停地東張西望，彷彿對眼前的一切都充滿了好奇。

那模樣，就像一個剛剛來到這個世界的小探險家，正急著看看自己來到了甚麼地方。

我聽後笑笑，說這就是我們的為兒子。

我們終於有了一個兒子。

一個健康可愛的小男孩。

我忽然想起幾年前。

當年我們還只是剛剛結婚的新婚夫妻。

如今，我們已經擁有一個女兒、一個兒子。

組成了一個完整的家庭。

感謝 神。

祂的恩典遠遠超過我們所求所想。

第二天，凱萍跟著外公外婆來到醫院。

她一直吵著要見弟弟。

當護士把 凱智抱出來時，她立刻跑到床邊。

睜著大大的眼睛看著這個新成員。

然後小聲地問：

「媽媽，這就是我的弟弟嗎？」

我笑著點點頭。

她伸出小手，輕輕摸了摸弟弟的小臉。

臉上露出開心的笑容。

從那一天開始，她正式成為姐姐了。

回家之後，我們的生活變得更加忙碌。

家裡到處都是奶瓶、尿布和玩具。

每天都像打仗一樣。

但也充滿歡笑。

不過，凱智出生不久之後，我們很快便發現了他的另一面。

和姐姐凱萍不同，凱智似乎並不喜歡睡覺。

更準確地說，他似乎也不希望別人睡覺。

有一天晚上，替他洗完澡、換好尿布、餵完奶後，我已經累得躺在床上休息。

杰抱著他輕輕搖晃，希望等他睡著後再放回嬰兒床。

可是，小傢伙卻精神得很。

那雙圓圓的大眼睛總是好奇地看著這個世界。

每次剛放下去不久，他便立刻哭了起來。

杰只好再把他抱起來。

過了一會兒，再放下去。

凱智哭得更大聲。

彷彿非要有人一直抱著他不可。

那時候，我實在累得沒有力氣再抱他。

媽媽正在另一個房間陪凱萍睡覺，也同樣疲憊不堪。

於是，杰做了一個他後來稱為「工程師式的決定」。

既然凱智不肯睡覺，至少應該讓其他人睡覺。

他把嬰兒籃搬到客廳，放在沙發旁邊。

然後關上我們的房門，又把走廊的門也關起來。

接著，他自己躺在沙發上守著凱智。

而凱智則在嬰兒籃裡放聲大哭。

哭了好一陣子。

聲音漸漸變小。

最後終於哭累了，睡著了。

等他睡熟後，杰又輕手輕腳地把嬰兒籃搬回我們的房間，讓他仍然睡在我們身邊。

接下來好幾個晚上，幾乎都是同樣的情況。

凱智似乎決心要和大人比耐力。

但經過幾天之後，他終於明白自己贏不了。

慢慢地，他開始學會自己入睡。

我們一家人也終於可以好好睡覺了。

如今回想起來，我常常忍不住發笑。

凱智後來成為一個很懂事的孩子。

只是從出生一個月開始，我們便已經看出來，他是一個非常有主見、而且意志力很強的小男孩。

凱萍非常疼愛弟弟。

每當有人來探望，她總會驕傲地說：

「這是我的弟弟。」

有時候還會主動幫忙拿尿布、拿奶瓶。

雖然偶爾也會吃醋。

但大部分時間，她都十分照顧凱智。

看著兩個孩子一起長大，我的心裡充滿感恩。

人生雖然依舊忙碌。依舊有許多挑戰。

但每當晚上看著兩個熟睡的孩子時，

我總會覺得，所有的辛苦都值得了。

因為 神 不但給了我一個家，

也給了我兩份最珍貴的禮物。

第十五章 問題兒童?

當凱智慢慢長大的同時，凱萍也到了該上幼稚園的年紀。

身為母親，我和所有父母一樣，希望孩子能夠快快樂樂地成長。

經過一番考慮後，我們把她送到家附近的 The Ark Christian Preschool。

這是一所基督教幼稚園。

校園雖然不大，卻充滿溫馨的氣氛。

第一次送她上學那天，我比她還緊張。

前一天晚上，我替她準備好小書包、小水壺和乾淨的衣服。

甚至連第二天要穿什麼衣服都提前準備好了。

那天早上，她穿著可愛的小洋裝，背著小書包，興高采烈地跟著我出門。

可是當真正走進課室時，她忽然發現媽媽要離開。

小手立刻緊緊抓住我的衣角。

眼淚開始在眼眶裡打轉。

老師溫柔地抱起她。

她卻伸長雙手不停喊：

「媽媽！」

「媽媽不要走！」

我的心一下子揪了起來。

走出教室後，我並沒有立刻離開。

而是站在門外偷偷看著。

聽見她的哭聲，我的眼淚也跟著掉下來。

那是我第一次真正體會到孩子長大的滋味。

不只是孩子需要學習獨立。

其實父母也一樣。

幸好過了一段時間後，凱萍慢慢適應了學校生活。

每天早上不再哭鬧。

甚至開始期待上學。

我以為一切都會順利發展。

沒想到新的挑戰卻悄悄出現。

有一天，老師約我談話。

她的表情有些猶豫。

她說：

「凱萍很乖。」

「記性也很好。」

「但是⋯⋯」

老師停頓了一下。

「她不太和其他小朋友玩。」

我愣了一下。

老師繼續說：

「其他小朋友一起玩遊戲時，她常常自己一個人在旁邊。」

「有時候大家聊天，她也不太參與。」

回家後，我開始特別留意。

的確。

凱萍和其他孩子不太一樣。

她比較喜歡獨處。

她喜歡逗還不會說話的弟弟，但不喜歡與同年紀的小朋友交流。

喜歡自己玩自己的玩具。

不太主動與人交談。

可是她卻有一個令人驚訝的特點。

記憶力非常好。

有一次老師告訴我：

「班上十二個小朋友的中英文名字，她全部記得。」

每天點名時，只要有人缺席。

她立刻就知道。

甚至能夠說出今天少了誰。

老師也感到不可思議。

然而，更奇怪的是。

每當老師講故事時，所有孩子都圍坐在老師身邊。

聚精會神地聽課。

只有凱萍常常獨自坐在教室另一個角落。

好像活在自己的小世界裡。

後來，老師再次找我談話。

這一次，她建議我們接受進一步的特殊評估。

當時的我其實非常抗拒。

因為在華人家庭裡，沒有父母願意聽到自己的孩子需要接受特殊評估。

我一直告訴自己：

「她只是比較安靜而已。」

「長大就好了。」

可是經過專業評估後，專家建議她進入政府的 Special Education Program。

當我聽到這個結果時，整個人愣住了。

回家後，我坐在車裡哭了很久。

我的腦海裡不停浮現同一個問題：

「為什麼是我的孩子？」

我甚至開始懷疑自己。

是不是因為工作太忙？

是不是陪伴她的時間不夠？

是不是我做錯了什麼？

那段時間，我心裡充滿掙扎。

杰看見我每天悶悶不樂。

有一天晚上，他坐到我身旁。

輕輕握住我的手。

他說：

「不要急著替孩子貼標籤。」

「Special Program 不代表她不好。」

「只是代表她需要不同的幫助。」

這句話，後來成為支撐我的力量。

經過禱告與思考後。

我們決定接受專家的建議。

因為如果這條路能夠幫助孩子成長。

我們願意嘗試。

於是，凱萍 開始進入 Special Education Program。

那裡的班級很小。

一班只有六、七個孩子。

卻有三位老師照顧。

每個孩子都能得到個別指導。

其中一位老師後來告訴我：

「凱萍很聰明。」

「她的記憶力甚至比很多孩子都好。」

「只是她的大腦處理資訊的方式比較特別。」

後來又安排 Speech Therapist 為她進行語言訓練。

因為有些發音，她始終無法準確說出來。

老師們十分有耐心。

一個字、一個字慢慢教。

一步一步幫助她建立信心。

有一次，一位老師對我說了一句我至今仍然記得的話：

「她不是學不會。」

「她只是需要多一點時間去與人連結。」

那一刻，我忽然鬆了一口氣。

原來，我的孩子不是問題兒童。

她只是按照自己的速度成長。

從那天開始，我不再執著於和別人比較。

不再問：

「為什麼她不像別人？」

而是開始學習欣賞她的獨特。

因為我相信。

神創造每個孩子都有不同的時間表。

有些孩子早一點開花。

有些孩子晚一點結果。

但只要耐心等待。

每一朵花，都有屬於自己的季節。

第十六章 最心痛的事

經過三年的 Special Ed 後，凱萍 終於迎來了一個令人振奮的消息。

經過老師、語言治療師以及專家的多次評估，她順利通過測試。

學校認為她已經具備能力回到普通班上課。

當我接到通知時，激動得眼眶泛紅。

因為這不只是一次學習能力的肯定。

更是多年努力與等待的成果。

回家的路上，我迫不及待想把這個好消息告訴她。

當天晚上，我把她抱在懷裡說：

「凱萍，妳要回普通班了！」

她先愣了一下。

然後開心地跳了起來。

「真的嗎？」

「我可以跟其他小朋友一起上課了嗎？」

看見她興奮的樣子，我和杰都十分欣慰。

我們以為，最艱難的日子終於過去了。

然而，我們萬萬沒有想到。另一場風暴正在前面等待著我們。

剛開始進入普通班時，一切似乎都很順利。

凱萍很努力。

老師也對她十分鼓勵。

每天回家，她都會開心地分享學校發生的事情。

可是過了一段時間後，我開始察覺到一些不對勁。

有時候她放學後變得特別安靜。

有時候問她學校的事情，她只是輕輕搖頭。

說：

「沒事。」

直到有一天。

我像平常一樣替她整理午餐盒。

打開 午餐盒時，我發現裡面的雞蛋壽司幾乎完全不見了。

那天早上我明明替她準備了她最喜歡的壽司。

照理說，她應該會吃得很開心。

我以為她胃口變好了。

於是笑著問：

「今天是不是很喜歡媽媽做的壽司？」

沒想到她卻低下頭。

沒有說話。

過了很久。

她才小聲說：

「不是我吃的。」

我愣了一下。

「那是誰吃的？」

她的眼睛開始泛紅。

聲音也越來越小。

「班上的幾個女生。」

「她們把我的壽司拿走了。」

我的心瞬間沉了下去。

我蹲下來看著她。

輕聲問：

「她們為什麼拿妳的東西？」

凱萍委屈地說：

「她們說很好吃。」

「還叫妳下次做多一點。」

我以為只是小朋友之間的玩笑。

便安慰她幾句。

可是事情並沒有停止。

接下來幾個星期，類似的事情一再發生。

那些女孩不但搶她的壽司。

還開始威脅她。

有一天，她哭著告訴我：

「她們說，如果我不帶更多雞蛋壽司給她們。

她們就對我不客氣。」

聽到這裡，我心裡已經開始警覺。

更令人難過的是，有一天放學後，凱萍的情緒異常低落。

平日回到家，她總會和我分享學校裡發生的事情。

但那天，她一直沉默不語。

無論我怎麼問，她都只是輕輕搖頭。

直到晚上睡覺前，她才終於忍不住哭了出來。

斷斷續續地告訴我，班上幾個女同學經常欺負她。

不但搶她帶回學校的雞蛋壽司，還時常取笑她、排擠她，甚至做出一些令她感到羞辱和難堪的事情。

看著她滿臉委屈的樣子，我的心痛得無法形容。

身為母親，我最大的願望只是希望孩子能夠快快樂樂地上學。

然而，她卻獨自承受著這些傷害。

第二天，我立刻前往學校與校長見面，希望校方能夠認真處理這些事件，保護孩子。

沒想到校長聽完後，只是輕描淡寫地表示：

「她們只是小孩子。」

「只是開玩笑而已。」

聽到這樣的回答，我感到十分失望。

因為在我眼裡，這不是玩笑。

而是傷害。

我知道。

如果連學校都無法保護孩子。

那麼身為父母的我們，就必須為她做些什麼。

離開學校後，我坐在車裡哭了很久。

那是我第一次深深感受到身為母親的無力感。

我多麼希望能替孩子承受所有傷害。

可是人生並不是如此。

有些路。她必須自己走。

而我能做的，就是站在她身旁。

保護她，支持她，陪伴她。

那天晚上，我和杰坐在餐桌前談了很久。

我們知道。

事情不能再這樣下去。

如果環境不能改變。

也許我們必須改變環境。

而就在那一夜。

一個改變我們全家命運的決定。

開始在我們心裡慢慢形成。

我們決定搬家。

搬到一個新的城市。

給孩子一個新的開始。

而那個地方，叫做 柏城頓 (Pleasanton) 。

第十七章 新環境、新生活

自從凱萍在學校受到欺凌之後，我和杰的心情一直十分沉重。

尤其是看到她每天放學回家時那種小心翼翼的樣子，更令我心疼。

以前那個喜歡分享學校趣事的小女孩不見了。

取而代之的，是一個開始害怕上學的孩子。

身為父母，我們知道不能再坐視不理。

我們必須為她作出改變。

其實早在兩年前，我們已經在柏城頓買了一棟獨立屋作為投資物業。

那是一間四房三浴的房子，大約二千三百平方呎。

一直出租給租客。

當時我們買下那棟房子的時候，並沒有打算馬上搬過去。

因為杰在三藩市上班，每天通勤已經十分吃力。

我們原本打算等灣區捷運快車延伸到柏城頓之後，再考慮搬家。

這樣杰就可以搭乘灣區捷運上班。

不用每天開車往返。

然而，人生很多事情往往比我們預期來得更早。

凱萍的遭遇讓我們不得不重新思考。

有時候，房子可以等。

工作可以等。

但孩子的成長卻不能等。

那段時間，每逢週末，我們都會開車到柏城頓， 看看應不應該搬進那出租的房子，也順便熟悉附近的環境。

當時的柏城頓和今天很不一樣。

城市人口不算太多，街道整潔，樹木成蔭。

到處都帶著一種寧靜祥和的氣息。

第一次開車進入柏城頓時，我便有一種特別的感覺。

彷彿來到了另一個世界。

沒有三藩市的擁擠，沒有大都市的喧囂。

更多的是一種適合家庭生活的平靜。

有一天，我們來到 Hacienda Business Park 附近。

那裡正在大規模發展。

到處都可以看見新建房屋。

還有許多漂亮的 Model Homes 開放參觀。

我們抱著好奇的心情走進其中一間。

剛踏進大門，我便被眼前的設計吸引住了。

挑高的天花板。

寬敞明亮的客廳。

大片落地窗。

開放式廚房。

每個空間都充滿陽光。

凱萍更是興奮得不得了。

她一下跑到樓上。

一下又跑到樓下。

不停打開房門參觀。

忽然，她站在其中一個房間門口，大聲喊：

「媽媽！」

「這間是不是我的房間？」

我和杰相視而笑。

我倆都感到，這房子比我們正在租出的房子理想得多。

那一刻，我們彷彿已經看見未來一家人在這裡生活的畫面。

我走到後院。

望著遠方蔚藍的天空。

微風吹過。

樹葉輕輕搖曳。

心裡忽然有一種平安的感覺。

我默默地想：

「也許，這就是我們一直尋找的家。」

接下來幾個月，我們開始認真計劃搬家。

這並不是一個容易的決定。

畢竟我們已經在三藩市生活多年。

那裡有朋友，有回憶，有我們努力打拼過的足跡。

可是為了孩子。

我們願意重新開始。

感謝 神。

就在這個時候，灣區捷運也正式延伸到柏城頓。

這正是我們一直等待的條件。

彷彿 神 已經替我們把道路預備好了。

於是，我們決定賣掉原本居住的房子。

正式搬到柏城頓。

1997年夏天。

搬家那一天終於來臨。

屋子裡堆滿紙箱。

家具一件一件搬上貨車。

孩子們興奮地跑來跑去。

而我則站在空蕩蕩的客廳中央。

心裡百感交集。

這裡承載著我們許多回憶。

我們在這裏相識。

我們在這裏結婚。

凱萍在這裡學走路。

凱智在這裡出生。

婆婆在這裏告別。

我們經歷過快樂與困難，如今終於要離開了。

當貨車最後一次關上車門時，我忍不住回頭看了一眼。

然後默默向這個家道別。

＊＊＊

搬進柏城頓新家後，一切都充滿新鮮感。

孩子們擁有更大的活動空間。

社區裡到處都是綠地和公園。

鄰居們也十分友善。

最重要的是，凱萍即將進入新的學校。

經歷過 Special Ed Program，也經歷過校園霸凌之後，我最希望的並不是她拿第一名。

我只希望她每天能夠開開心心上學。

能夠有朋友。

能夠相信自己。

這樣就已經足夠了。

搬到柏城頓不久後，凱萍已經開始上小學，凱智則在幼兒園。

有一天，我要到 Union City 接父母回家。

按照平日的習慣，我會先接凱萍放學，再去接凱智，然後一起回家。

可是那天下著大雨。

路上發生了幾宗交通意外，車龍幾乎一動也不動。

眼看時間一分一秒過去，我心裡愈來愈著急。

凱智的幼兒園六點關門。

我不停地看著時鐘，心想自己恐怕趕不上了。

那時候還沒有手機，也沒有辦法隨時聯絡杰．。

等我終於把父母接上車，再慢慢開回柏城頓時，天色已經暗了下來。

快到家的時候，我心裡還一直惦記著凱智。

可是當我打開家門時，眼前的景象讓我大大的鬆了一大口氣。

凱智正坐在地板上玩玩具。

杰坐在一旁，對著我微笑。

原來他看見天氣不好，又知道我去了 Union City，擔心我趕不及接孩子，便提早下班去接凱智。

他到幼兒園時，凱智已經是最後一個還沒被接走的孩子。

看見兒子平安在家，看見父母也順利到達，我心裡忽然安定了下來。

那一刻，我再次感受到，有一個人與我一起承擔家庭的責任，是多麼幸福的一件事。

第十八章 小學的奇蹟

開學第一天，我陪凱萍來到 Mohr Elementary School。

這是當時柏城頓學區成績最優秀的小學之一。

開學前一天晚上，我比她還緊張。

因為我不知道她會不會再次遇到不友善的同學。

會不會再次被排擠，會不會重複以前的經歷。

然而，神 早已為她預備了新的開始。

當我們踏進校園那一刻，即有一種適然的感覺。

地方寬敞整潔。

草地修剪得十分漂亮。

教室裡充滿孩子們的笑聲。

凱萍有些緊張地握著我的手。

而我的心情其實比她更緊張。

我蹲下來替她整理衣領。

然後對她說：

「不要害怕。」

「做妳自己就可以了。」

她點點頭。

然後走進教室。

我站在門外，看著她慢慢融入新的環境。

心裡默默禱告。

求 神 給她一個新的開始。

感謝 神。

這一次，一切真的不一樣了。

新的老師非常有愛心。

她們願意花時間了解每一個孩子。

不會因為孩子曾經有特殊教育背景就另眼相看。

反而經常鼓勵她。

給她機會表現自己。

慢慢地，我開始看見凱萍的改變。

每天放學回家，她開始主動分享學校裡發生的事情。

有時告訴我今天交到新朋友。

有時告訴我老師稱讚她做得很好。

那種久違的笑容，終於又回到她的臉上。

更令我驚喜的是，她的學業進步得非常快。

以前那些讓老師擔心的問題，似乎正在一點一點消失。

而我們也即將見證一個奇蹟。

那個曾經被認為是「問題兒童」的小女孩，

即將綻放出屬於自己的光芒。

她開始展現出驚人的記憶力和學習能力。

尤其是在閱讀和拼字方面。

很多單字，她看過一次便記住了。

有時甚至連我都感到驚訝。

第一學期結束後的一天，我收到學校寄來的成績報告。

我坐在餐桌前，小心翼翼地打開信封。

看著看著，我忽然愣住了。

因為報告上寫著：

榮譽學生 (Honor Roll Student)

我不敢相信自己的眼睛。

反覆看了好幾次。

確定自己沒有看錯。

那一刻，我的眼淚忍不住流了下來。

我立刻打電話給杰。

當時他正在上班。

電話接通後，我激動地說：

「你猜發生什麼事？」

他笑著問：

「什麼好消息？」

我幾乎哽咽地說：

「凱萍拿到 Honor Roll！」

電話另一頭忽然安靜了幾秒鐘。

接著，我聽見杰開心地笑了起來。

「這一定是遺傳了我的基因。」

我立刻笑著回他：

「是啊，你那些特殊教育班的基因！」

那天晚上，我們一家人一起慶祝。

其實只是簡單吃了一頓晚餐。

但對我們來說，意義卻非同尋常。

因為只有我們知道。

這個榮譽背後有多少眼淚和努力。

她不合群。

她經過特殊教育。

無數次的評估。

無數次的語言補習。

還有那些曾經讓我偷偷哭泣的夜晚。

如今，這個曾經被認為有問題的孩子，

竟然成為 Honor Roll Student。

神 的恩典實在奇妙。

更令人驚喜的是，第二年學校舉辦 Spelling Bee 比賽。

老師鼓勵凱萍參加。

剛開始她有些沒有信心。

因為她總覺得自己不如別人。

我告訴她：

「輸贏不重要。」

「媽媽只希望妳勇敢去嘗試。」

於是她每天放學後都認真練習。

我會陪著她一起背單字。

杰也會在晚餐後抽時間考她。

有時候一家人坐在客廳裡。

就像進行小型比賽一樣。

充滿歡笑。

比賽當天，我和杰特地請假到學校支持她。

看著她站在舞台上。

我忽然想起多年前那個總是躲在角落裡的小女孩。

如今，她竟然有勇氣站在眾人面前。

這本身已經是一種勝利。

經過一輪又一輪比賽後。

最後結果揭曉。

凱萍獲得第三名。

全場響起掌聲。

她拿著獎狀走下台時，臉上露出燦爛的笑容。

我和杰都忍不住站起來鼓掌。

那一天，我心裡充滿感恩。

因為我終於明白了一件事。

有些孩子不是不會飛。

只是起飛得比較晚。

有些種子不是不會開花。

只是需要更多時間。

而父母的責任，

不是把孩子變成別人期待的模樣。

而是在他們還沒看見自己的價值之前，

一直相信他們。

一直陪伴他們。

一直等待他們綻放。

那天晚上，我站在後院望著柏城頓的夜空。

微風輕輕吹過。

我想起過去這些年來所經歷過的一切。

逃難。

漂泊。

移民。

婚姻。

創業。

育兒。

挫折。

眼淚。

還有無數次的逆風而行。

忽然之間，我心裡充滿平安。

因為我知道。

神 從來沒有離開過我們。

而凱萍的成長，

正是祂送給我們最美麗的見證之一。

我望向屋裡。

看見兩個孩子正在客廳裡玩耍。

杰坐在沙發上微笑地看著他們。

那一刻，我忽然覺得自己十分富有。

因為真正的幸福，

從來不是銀行裡有多少錢。

而是看見自己所愛的人平安、健康、快樂地成長。

這就是我們搬來柏城頓後，

收到最珍貴的一份禮物。

第十九章　地平線上的烏雲

隨著孩子們一天天長大，我們的人生也悄悄翻開了新的篇章。

搬到柏城頓後，看著凱萍順利適應新學校的生活，我曾經以為，最艱難的日子已經過去了。

我們擁有了一個家，孩子們健康成長，生活似乎正朝著理想的方向前進。

我錯了。

有些改變人生的風暴，並不是伴隨著雷聲和閃電突然來臨的。
它們往往只是天邊的一抹烏雲，靜靜地出現在地平線上。

有一天，我意外地與阿東重逢了。

他曾經是我生命中一位非常重要的人。

那時候，我已經是一位妻子、一位母親，也全心全意投入自己的家庭。

然而，這次重逢卻喚醒了一些我以為早已被歲月埋藏的情感。

起初，我並沒有太在意。

但漸漸地，我發現自己被一些難以形容的情緒困擾著。一種說不出的憂傷慢慢籠罩著我。我不知道它從何而來，也不知道它為什麼始終揮之不去。

杰很早便察覺到我的改變。

在我還不願意承認自己的問題之前，他已經看見了我的掙扎。

即使我無法清楚表達自己的感受，他仍然用耐心、包容和關懷陪伴著我。

然而，就在同一時間，另一場挑戰也正在悄悄逼近。

幾年前，我們曾經購買了一棟出租屋作為投資。

多年來，我們一直遇到很好的租客。他們準時交租，愛惜房子，與其說是房東和租客的關係，更像是朋友。我們的孩子甚至會和他們的孩子一起玩耍。

直到有一天，一切都改變了。

最後一批租客突然搬走，沒有事先通知我們，也沒有支付最後一個月的房租。我們只能從押金中扣除這筆欠款。

更糟糕的是，在我們還來不及更換門鎖之前，便發現房子遭到人為破壞。

浴室被故意淹水，造成不少損壞和維修費用。

雖然最後我們把房子修復好了，但整個過程讓我身心俱疲。

我開始覺得，自己再也不想承擔當房東的責任。

杰看見我的狀況後，也同意也許是時候出售這棟房子，改用另一種投資方式。

當時，Tenancy—in—Common（TIC）投資正受到許多房地產投資者的歡迎。

對於那些希望獲得租金收入，卻不想親自管理物業的人來說，這似乎是一個理想的選擇。

經過仔細考慮後，我們將出租屋出售，換成一項位於外州小型購物中心的 TIC 投資。

購物中心裡有幾家大型商業租户。

在最初的幾年裡，一切看起來都十分順利。

然而，經濟環境開始慢慢改變。

生意愈來愈難做。

商店一家接一家地關門。

支撐市場繁榮的信心，也逐漸消失。

而我們原本深信不疑的投資，也開始一步一步走向崩潰。

我們投資的那個購物中心，也受到經濟衰退的嚴重衝擊。商店一家接一家地關閉，要找到新的租戶變得十分困難。不久之後，物業開始出現負現金流。

最終，我們損失了超過百分之九十的投資。

面對這場財務災難，我的憂鬱症並沒有好轉。

反而愈來愈嚴重。

然而，神依然信實。

杰盡他所能支持我、陪伴我。但他仍然需要工作，肩負起養家的責任。在他上班的日子裡，許多原本屬於我的責任，悄悄地落在了凱萍和凱智身上。

凱萍已經成為家裡的重要幫手。當我無法正常照顧家庭時，她會幫忙照顧弟弟。與此同時，她還要兼顧繁重的課業，維持優異的成績，並為申請大學作準備。如今回想起來，她所承擔的責任，遠遠超過了一般同齡的女孩。

凱智也在不知不覺中長大了。

他漸漸成為一個獨立而體貼的男孩。放學後，他喜歡和朋友們一起活動，在同學之中也是個天生的領袖。大家都喜歡和他在一起。但無論他有多忙，他始終沒有忘記自己的家人。

他知道媽媽過得並不好。

有一天發生的事情，至今仍深深刻在我的記憶裡。

那天杰開車送凱萍到加州洛杉磯大學，當晚不可能趕回家。我和凱智留在家裡，而我根本沒有力氣準備晚餐。

我正躺在床上，忽然聽見有人輕輕敲門。

過了一會兒，凱智推門走了進來，手裡拿著一個日式便當盒。

「媽媽，」他說：「我不會煮飯，所以我出去買了晚餐給妳。我知道妳喜歡東方食物，所以我買了照燒雞和壽司，沒有買墨西哥捲餅。」

那一刻，我的眼淚忍不住流了下來。

我那年僅十二歲的兒子，因為知道媽媽無法照顧自己，竟然獨自出去買晚餐回來給我。

這只是一個很簡單的舉動。

但對我來說，卻是人生中最令我感動的時刻之一。

在我生命最黑暗的日子裡，神提醒了我一件事：當我為許多事情憂心的時候，我的孩子們正在悄悄地成長，成為充滿愛心和責任感的年輕人。

直到今天，我仍然沒有忘記那個便當盒。

我的憂鬱症就像海邊的浪潮一樣。

有時候，我可以站起來，讓海水輕輕沖過雙腳。

有時候，浪潮卻會把我整個人推倒，讓我連站起來的力氣都沒有。

杰一直很擔心我。

可是身為他的妻子，我卻常常聽不進他的勸慰和關心。

直到有一天晚飯後，凱萍忽然提議，也許我們可以去教會看看。

她說，在教會裡，我們或許能找到比一般社交圈更多的支持、關懷和愛。

那一年，她才十六歲。

再過一年，她就要離開家，到大學讀書了。

也許她知道，當她離開家之後，便再也無法像從前那樣陪伴和幫助我。

我一直很好奇，她怎麼會有這樣的想法。

在美國，公立學校並不教聖經。

後來我才想到，杰從小在香港的天主教學校長大。雖然當時的他既不是天主教徒，也不是基督徒，卻對聖經有相當的認識。

我猜想，他們父女倆早已討論過這件事，只是我並不知道。

不久之後，凱萍在柏城頓找到了一間小小的粵語教會，離我們家並不遠。

一個星期天，我們全家一起去參加聚會。

那是一間很小的教會，大約只有五十位會友。

然而，從我們踏進教會的那一刻開始，便感受到一種難以形容的溫暖。

這份溫暖不只是來自牧師和師母，也來自整個教會的弟兄姊妹。

當他們知道我的情況後，牧師和師母特地到家裡探望我們。

他們為我禱告。

鼓勵我。

關心我。

他們甚至帶來了一隻竹絲雞，以及煲湯需要的中藥材料，讓杰可以直接替我燉湯進補。

二十多年過去了。

直到今天，我仍然記得那份關懷。

如今回頭看，我才明白，原來神早已開始在我的生命裡動工，只是當時的我還沒有察覺。

地平線之上，

烏雲之外，

太陽依然在那裡發光。

只是那時候的我，

還沒有看見而已。

尾聲

看著孩子們一天天長大，時間就在不知不覺中悄悄飛逝。

凱萍即將從高中畢業，準備進入加州洛杉磯大學。
凱智也即將畢業，準備進入加州柏克萊大學。

我們的家，即將進入空巢期。

那些年裡，
有數不盡的恩典，
也有說不完的故事。

父親離開了人世。
母親搬到了南加州居住。

與故人重逢
哥哥曾經歷過一段叛逆的歲月，後來又陷入憂鬱之中。

而我自己，
也曾有過陷入憂鬱的時候。

有一段時間，我們的投資失利，
對未來感到迷惘與不安。

然而，生活並沒有因此停下腳步。

在那些年裡，
日子依然一天一天地向前走著。

有太多故事無法一一記錄，
也有太多恩典無法一一道盡。

但在所有歲月之中，
有一件事始終沒有改變。

杰。

還有我們彼此相愛的心。

正是這份愛，
陪伴我們走過每一次風暴，
每一次失望，
以及往後每一份恩典與祝福。

在那些年裡，我也漸漸發現了杰身上一些我以前沒有真正留意到的特質。

雖然他從來沒有上過任何關於如何做丈夫、如何做父親的課程，

但他似乎天生就是一位好丈夫，也是一位好父親。

當我陷入憂鬱、無法再好好扮演母親的角色時，他默默地接過了我的責任。

我還記得有一天晚上，我躺在床上，
他告訴我他會晚半個小時進房間，因為他要先陪孩子們讀書。

他讀《保姆俱樂部》給凱萍聽，
也讀《西遊記》給凱智聽。

躺在房裡的我，
常常能聽見孩子們開心的笑聲。

我也記得，
每天早晨當我們走下樓時，早餐早已準備好，
靜靜地等著我帶孩子們去上學。

我記得他每天晚上為我禱告。

我也記得有一次，
我陪母親回中國兩個星期追討一筆債務。

那段時間，
他特地請假留在家裡照顧凱萍和凱智。

在那兩個星期裡，
他既是爸爸，也是媽媽。

我知道他在工作上承受了許多挫折與壓力，
但他從來沒有把那些情緒帶回家裡。

如今回頭細想，
我才發現原來這個家的許多責任與重擔，
一直都落在他的肩上。

而他，
只是默默地承擔著。

親愛的天父，

感謝祢一路以來的看顧與恩典。

作者編後感

當我寫完這本書的最後一頁時，我又一次回頭看自己走過的路。

我想起那個帶著希望來到美國的年輕女孩。

我想起那個努力工作、幫助家庭、對未來充滿期待與不安的年輕女子。

也想起那個後來成為妻子、成為母親的自己。

年輕的時候，我一直以為幸福是在某個終點等著我。

也許是找到一份穩定的工作。

也許是找到理想的丈夫。

也許是擁有自己的房子。

也許是實現某個一直努力追求的夢想。

可是人生慢慢教會我一件事：

幸福很少出現在終點。

更多時候，它存在於陪伴我們一起走路的人身上。

回首這些年，我們經歷了許多喜樂，也經歷了許多挑戰。

我們迎接孩子的誕生，看著他們一天天長大。

我們為健康擔憂，為學業操心，也為未來忐忑不安。

我們照顧年邁的父母，也陪伴摯愛的人走完人生最後一段路。

有歡笑的日子，也有流淚的時候。

然而，在每一個季節裡，我都看見 神 的恩典。

有時候，祂的恩典十分明顯。

有時候，祂的恩典卻靜靜地出現在一句鼓勵的話語裡、一位願意幫助的朋友身上，或是一位始終陪伴在身旁的配偶之中。

如今再回頭看，我才明白：

建立一個家，從來不只是擁有一棟房子。

真正的家，是由愛、犧牲、忍耐、饒恕和信心一點一滴建立起來的。

有一次又一次的禱告。

有枱上預備好的早餐，有工作回來時的一個擁抱，有失望後的一句鼓勵，有無數的牽手同行。

也是一家人在風雨之中，仍然選擇彼此相愛、彼此扶持。

如今，孩子們已經長大，開始走向屬於自己的人生旅程。

而我和杰，也進入了人生另一個階段。

當我環顧四周時，心裡充滿感恩。

並不是因為我們的人生完美無缺。

而是因為 神 一直信實。

而這份信實，改變了一切。

然而，這並不是故事的終點。

人生仍然有許多篇章等待書寫。

有新的喜樂，也有新的眼淚。

有意想不到的重逢，也有從未預料的考驗。

有些日子，我們的信心會被挑戰。

有些道路，比過去走過的更加艱難。

風，並沒有停止吹拂。

暴風雨，也從未真正遠離。

但就在風雨之中，

神 常常讓我們看見一道彩虹。

而那道彩虹提醒我們：

無論走到哪裡，祂始終與我們同在。

也許有一天，

我會把那些故事繼續寫下去。

但此刻，我只想獻上感謝。

謝謝你陪伴我走過這段旅程。

願 神 祝福你和你的家人，

也願你在人生的道路上，

找到屬於自己的夢想之家。

—— 萍

加州柏城頓

Against the Wind II –

Building a Dream Home

Author's Preface

When I finished writing Against the Wind, I thought my story had reached its conclusion.

That book told the story of a little girl growing up in Lai Thieu, Vietnam, becoming a refugee after the war, leaving her homeland, waiting for resettlement in Malaysia, and arriving in the United States to begin a new life.

It also told how I met Francis and, by God's grace, entered into marriage.

After reading the book, many readers asked me:

"What happened next?"

"What was your life in America like after that?"

I realized that while the most dramatic part of my journey had ended, another journey—longer, quieter, and equally important—was only beginning.

Against the Wind was the story of leaving the storm behind.

Against the Wind II: Building a Dream Home is the story of building a home after the storm.

The wedding was not the end of the story. It was the beginning of a new chapter.

From newlywed life, and caring for our parents, purchasing home for them, to raising two children.

From career challenges to personal losses and unexpected trials, we learned step by step:

how to be husband and wife,

how to be parents,

how to walk through both joy and hardship together.

Looking back, neither Francis nor I ever took classes on how to build a successful marriage or how to raise children.

We simply moved forward with whatever experience we had, a sincere commitment to one another, and a deep sense of responsibility toward our family.

At times, I thought it was our hard work that carried us through.

But many years later, I have come to realize that it was more than hard work.

It was grace.

If Against the Wind is a story about courage and survival, then Building a Dream Home is a story about love, responsibility, and hope.

I dedicate this book to my family and to all those who have left their homeland and worked to build a new life in an unfamiliar place.

May you see a reflection of your own journey in these pages, and may you discover, after every storm, a place you can truly call home.

* * *

Before beginning this story, I would like to share a short poem that Francis wrote for me.

What makes this poem special is that the first character of each line forms our Chinese names: Lily (麗萍) and 杰 (杰策).

Many years have passed since then, but whenever I read it, I am reminded of the hopes we shared as newlyweds and of the countless blessings God has given us along the way.

麗影芳踪本難遇

萍水相交竟是緣

杰士紅顏同心結

策算主恩數不完

Roughly translated, the poem expresses this thought:

A woman of grace is rarely encountered.
A meeting of strangers became destiny.
A worthy man and his beloved became one.
The blessings of the Lord are beyond counting.

Looking back now, it is the final line that speaks to me most:

" The blessings of the Lord are beyond counting."

– Binh

Table of Contents

Chapter 1

Finally a Home of Our Own

Francis and I were married in November 1986.

We reserved twenty tables for our wedding banquet in a restaurant in Emeryville, a city by the bay between Oakland and Berkeley.

Interestingly, although Francis invited most of his former girlfriends, not a single one attended the wedding.

What touched us deeply was what Francis's best friend, Jalen, said to him:

"You're not going to use your Mazda with no air conditioning and a manual transmission as your wedding car, are you? Take my Jaguar!"

That Jaguar was the most comfortable, smoothest, and quietest car I had ever ridden in.

Best of all, it had an automatic transmission, so Francis's older brother, David, who served as our chauffeur, could drive it with ease.

It was a wedding to remember. Most of my relatives and friends traveled from different places to attend and shower us with their blessings.

After the wedding, we stayed at the Sheraton Hotel near Fisherman's Wharf.

We spent a few days showing our relatives around San Francisco, taking them to the airport, and returning Jalen's Jaguar before finally leaving for our honeymoon.

We first flew to Orlando to visit my uncle and aunt and their family. After that, we boarded a four-day cruise to the Caribbean.

It was the first cruise either of us had ever taken.

Looking back now, it was one of the sweetest times of my life.

For those few days, we did not have to think about work.

We did not have to worry about money.

We did not have to concern ourselves with the challenges of immigrant life or the uncertainties of the future.

We simply enjoyed being together and looked forward to the new chapter that lay ahead of us.

Then we came home.

And reality began again.

During the first six months of our marriage, life was happy. Yet one concern remained constantly on my mind—the housing situation of my parents.

For many years, my parents had lived a life of moving from one place to another.

Every few years, the landlord would either raise the rent or sell the property, and they would have to find another place to live.

I will never forget those moving days.

My father would drive an old Nissan back and forth, transporting furniture.

My mother would carefully pack box after box of household belongings.

Whenever I watched her wrapping dishes in newspaper and placing them one by one into cardboard boxes, my heart would ache.

A home is supposed to be a place of stability and security.

But for my parents, it had always been a place they eventually had to leave behind.

At that time, I had only recently gotten married.

Although my financial resources were limited, I carried a dream in my heart:

If I ever had the ability, I would buy my parents a home they could truly call their own.

In the Bay Area of the 1980s, housing prices were nowhere near as high as they are today. Even so, buying a house was still a major challenge for immigrant families like ours.

At the time, I was working in a jewelry store.

I lived frugally and carefully saved every dollar I could.

After years of saving, I finally accumulated seven thousand dollars.

One day, I said to Francis,

"My parents have worried about moving for years. I want to buy a house for them."

Without a moment's hesitation, he replied,

"That's a good idea. We should do it. Based on my income, I think we can afford the mortgage on a house under one hundred thousand dollars."

So we began looking at houses.

One day, I saw a three-bedroom townhouse in Union City.

The moment I walked through the front door, I felt something special.

Sunlight streamed through the large living room windows.

The carpet was clean and well kept.

Upstairs were three bedrooms.

It was not a luxury home, but it was quiet, comfortable, and welcoming.

Standing in the middle of the living room, I immediately pictured my parents.

I could almost see my mother sitting at the dining table making tea.

I could see my father sitting in the living room watching television.

At that moment, I knew:

This was the house I had been looking for.

When I returned home, I shared my thoughts with my father.

He was silent for a while.

Then he said,

“If you really decide to buy it, I’ll put in seven thousand dollars too.”

And that was how it happened.

My seven thousand dollars.

Plus my father's seven thousand dollars.

A fourteen-thousand-dollar down payment.

And we bought the house.

On the day we signed the papers, I held the pen with both excitement and nervousness.

Because I knew that from that day forward, my parents would no longer have to move from place to place.

When we received the keys and opened the front door for the first time, my mother stood quietly in the living room for a long time without saying a word.

She slowly walked into the kitchen.

Then into the bedrooms.

Finally, she turned and looked at me. Her eyes were moist.

She did not say much.

She simply said softly,

"At last, we have a home of our own."

Those few words were worth more than a thousand speeches.

I knew then that all the sacrifices and hard work of those years had been worthwhile.

Chapter 2

Fulfilling My Promise to Grandma

During the summer of our first year of marriage, I finally had three weeks of vacation.

Ever since my grandmother passed away, she had remained in the deepest corner of my heart.

I never forgot the promise I had made to her.

One day, I would return to Malaysia and bring her ashes home.

One evening, I told Francis that I wanted to take a trip back to Malaysia to bring my grandmother's ashes to America.

I told him that if it was inconvenient for him to take time off from work, I could go by myself.

To my surprise, the moment he heard my plan, he immediately took my hand, as if I were about to leave the next day.

"No, Binh," he said. "I promised you that I would go with you and bring Grandma home together. Don't worry about my vacation."

At that time, he had just returned to his former company and only had two weeks of paid vacation each year. In order to accompany me to Malaysia, he took an additional week of unpaid leave.

For us, it felt like a second honeymoon.

Only this time, there was no romantic sightseeing and no carefree holiday.

Instead, there was love, responsibility, and a determination to keep a promise.

This journey was deeply meaningful to both of us.

For many years, this wish had remained hidden in my heart. Now, at last, I had the opportunity to fulfill it.

Besides Malaysia, our trip would also take us to Taiwan and Hong Kong.

For Francis, Hong Kong was his birthplace.

For me, it would be my very first visit there.

For several nights before our departure, I was so excited that I could hardly sleep.

I kept imagining what Hong Kong would be like.

A place I had seen countless times in movies and television shows was finally about to become real.

Our first stop was Taiwan.

As our plane descended into Taoyuan Airport, I looked out the window and saw stretches of green fields below.

The familiar atmosphere of Asia felt comforting and welcoming.

We stayed at my cousin Young's home.

Relatives whom we had not seen for many years gathered together again, and there seemed to be no end to our conversations.

One of the happiest surprises of the trip was reconnecting with my cousin Kamtong.

When he learned that we were visiting Taiwan, he warmly invited us to spend time with him.

One day, he even hired a taxi and personally took us on a tour of Taipei.

We visited the National Palace Museum.

As I looked at the priceless treasures that had been preserved for thousands of years, I felt a deep appreciation for the richness of Chinese culture.

We also visited the Sun Yat-sen Memorial Hall, National Taiwan University, and Shuangxi Park.

Throughout the day, he enthusiastically shared stories about Taipei's history and its many changes over the years.

At lunchtime, he treated us to dim sum at an elegant tea house.

Steaming baskets of shrimp dumplings, siu mai, and barbecue pork buns arrived one after another at our table.

We drank tea, shared stories, and enjoyed each other's company.

The warmth of that long-lost family connection touched me deeply.

The three days passed quickly.

On the fourth day, we boarded a flight to Hong Kong.

Chapter 3

Carrying Out a Mission

As the plane began its descent, I looked out the window.

Rows upon rows of high-rise buildings seemed almost close enough to touch the wings of the aircraft.

This was the world-famous Kai Tak Airport.

As the plane landed, my heart beat a little faster.

I had finally arrived in Hong Kong.

As we walked out of the terminal, I immediately spotted someone waving enthusiastically from a distance.

It was Francis 's good friend, Alfred.

Although many years had passed since they had last seen each other, the warm smile on his face had not changed.

He hurried over and gave Francis a big hug.

"Welcome home to Hong Kong!"

At that moment, I suddenly felt as if I had come home as well.

After leaving the airport, we took a taxi to Bonham Road.

Throughout the ride, I could not take my eyes off the scenery outside the window.

The streets were crowded with colorful signs.

Double-decker buses moved constantly through the traffic.

Pedestrians hurried along the sidewalks.

Compared to the wide streets of America, Hong Kong felt lively, crowded, and full of energy.

Alfred's home was a three-bedroom apartment.

Although it was not large, it was neat, comfortable, and welcoming.

His wife, Polly, greeted us warmly.

Their eight-year-old daughter, Maggie, was adorable and thoughtful.

That very evening, Maggie insisted on giving up her bunk bed for us.

So Francis slept on one bunk while I slept on the other.

The bed was a little short and not particularly comfortable.

But whenever I thought about Maggie's sincere smile, my heart was filled with gratitude.

Because what I felt from that small bed was the pure kindness of a child.

During our five days in Hong Kong, Alfred's family took wonderful care of us.

Every morning when we woke up, Polly already had breakfast prepared.

Sometimes it was steaming hot congee.

Other times it was bread and Hong Kong milk tea.

Although the meals were simple, they made us feel the warmth and hospitality of home.

During the day, Alfred and Polly took us sightseeing.

It was my first real introduction to Hong Kong.

The skyscrapers of Central, the crowded streets, the endless stream of double-decker buses, and the brightly lit neon signs all fascinated me.

The place that impressed me most was the Star Ferry.

One evening, we crossed Victoria Harbour on the ferry.

The sea breeze gently brushed against my face.

The setting sun painted the water a brilliant golden color.

The reflections of the distant skyscrapers shimmered across the harbor.

Standing on the deck, I quietly took in the beauty before me.

Francis told me that as a child, he had ridden the Star Ferry countless times.

At that moment, I could almost picture him as a little boy.

Hong Kong was not merely his birthplace.

It held many of the memories that had shaped his childhood.

In the evenings, we often went together to tea houses and restaurants.

Hong Kong's food was a delight.

Roast goose, wonton noodles, clay-pot rice, rice noodle rolls, dim sum—every dish left a lasting impression.

Yet the most precious part was not the food itself.

It was the time spent sitting together, sharing stories and laughter.

Happy days always seem to pass too quickly.

Before we knew it, five days had gone by.

We were about to leave for the most important destination of our journey—Malaysia.

On the day we departed, Maggie walked downstairs to see us off.

Before we got into the taxi, she stood there waving reluctantly goodbye.

As I looked at that sweet little girl, my heart was filled with gratitude.

Even today, I still remember the kindness she showed by giving us her bunk bed.

After flying from Hong Kong to Kuala Lumpur, we boarded another flight to Trengganu.

As the plane landed, my emotions became unexpectedly complicated.

This place carried so many memories of my grandmother.

The moment we stepped out of the airport, I saw Mr. Lai waiting for us with a young man.

The young man turned out to be his neighbor.

As soon as they saw us, both greeted us with warm smiles.

Mr. Lai drove a small Japanese car and took us back to his home.

Along the way, he pointed out many of the changes that had taken place over the years.

Many streets looked different from what I remembered.

Yet the warmth of the people remained exactly the same.

Mr. Lai's home was simple, clean, and well organized.

It had three bedrooms and a living room.

Everything was kept neat and tidy.

Mrs. Lai ran a small food business at the local market.

Although she was busy with work, she welcomed us with great hospitality.

The next morning, Mr. Lai took us out for a famous local dish—Bak Kut Teh.

The rich aroma of herbs filled the air.

It was the most authentic Bak Kut Teh I had ever tasted.

That evening, Mrs. Lai prepared stir-fried crab and grilled fish wrapped in banana leaves.

The fragrance of the lemongrass combined with the sweetness of the fresh fish created a flavor I have never forgotten.

Yet I knew that I had not come all the way back to Malaysia as a tourist.

One evening, we finally told Mr. Lai the true purpose of our visit.

I said to him,

"I would like to bring my grandmother's ashes back to America."

As soon as the words left my mouth, the room fell silent.

Everyone understood that this was not an ordinary trip.

It was the fulfillment of a promise a granddaughter had made to her grandmother.

Mr. Lai thought quietly for a long time.

Then he slowly said,

"I'm afraid it won't be easy."

He explained that Malaysian authorities were extremely strict about inspections because of drug trafficking concerns.

Without complete and proper documentation, it would be very difficult to take human ashes out of the country.

After hearing this, I felt deeply disappointed.

I had finally come all this way.

Was I still going to be unable to fulfill my grandmother's wish?

Just as discouragement began to settle in, Mr. Lai continued:

"Don't worry. We'll find a way together."

Both he and Mrs. Lai immediately offered to help.

They would contact the proper authorities, arrange for the ashes to be processed again if necessary, obtain the required documents, and legally ship everything to the United States.

Francis and I were deeply touched.

We knew this would create a great deal of extra work for them.

Yet they were willing to help us wholeheartedly.

Their kindness is something I will never forget.

Over the next several days, we traveled from place to place taking care of the necessary paperwork.

The process was not easy, but step by step, everything moved forward under God's guidance.

On the day we left Malaysia, I stood in the airport and looked out the window.

Quietly, I spoke to my grandmother in my heart.

"Grandma, please wait for me a little longer."

"I promise I will bring you home."

One year later, a package arrived at our front door.

As the mail carrier handed it to me, my hands trembled slightly.

The moment I opened the package, tears streamed down my face.

Grandma had finally come home.

And I had finally fulfilled the promise I made to her many years before.

That day, I learned something profound.

On life's journey, some promises may take many years to fulfill.

But if we never forget them, God will always open a way at the right time.

Chapter 4

The Arrival of a New Life

After returning to the United States, I quickly immersed myself in my work at the jewelry store once again.

Life was busy, but it was also full of hope.

The first months of our marriage were very happy.

Every morning, Francis would get up before I did. He would prepare breakfast for me and carefully pack my lunch before leaving for work. Sometimes it was a sandwich. Other times it was rice with leftovers from the previous night's dinner, along with some fruit.

Whenever I carried my lunch box out the door, my heart felt warm.

We were not wealthy, but our home was filled with love.

I also got along very well with my mother-in-law.

She treated me like her own daughter, and I sincerely regarded her as part of my family.

Our home was often filled with laughter.

Looking back now, those early years of marriage were probably the most carefree days of my life.

In early 1988, my boss's wife told me,

"This year's jewelry show in Hawaii—I want you to come with me."

I was delighted when I heard the news.

It would be my first business trip to Hawaii.

On the day of our departure, the plane slowly descended through the clouds toward Honolulu Airport.

As I looked out the window, I was amazed by what I saw.

The deep blue sky.

The green palm trees.

The golden sandy beaches.

And the endless Pacific Ocean stretching into the distance.

Even the air seemed to carry the scent of the sea.

At that moment, I finally understood why so many people loved Hawaii.

The jewelry exhibition was held at the Honolulu Convention Center.

Although it was a business trip, I felt as though I were on vacation.

We were especially fortunate because we did not have to stay in a hotel.

My boss's aunt lived in a beautiful home near Diamond Head and invited us to stay with her.

The first time I walked into the house, I could not help looking around in amazement.

The spacious living room.

The bright floor-to-ceiling windows.

The beautifully maintained garden.

Standing on the balcony, I could even see the blue ocean in the distance.

It looked like something straight out of a movie.

The person I remember most from that trip was Auntie.

She was a kind and gracious woman.

Every evening, she personally prepared a wonderful dinner for us.

The dining table was always filled with delicious food.

Fresh seafood.

Barbecued beef.

Local tropical fruits.

And homemade soup simmered with care.

At every meal, she constantly encouraged us to eat more.

She worried that we might not have enough.

Even now, I still remember the warmth and comfort of being treated like family.

The jewelry show lasted four days.

Every morning, we arrived early to prepare our display.

As soon as we entered the exhibition hall, we saw vendors from all over the world.

Under the bright lights, the jewelry sparkled brilliantly.

The displays were dazzling.

Business was especially good that week.

Customers came steadily throughout each day.

Many of them were very friendly.

They showed particular interest in our ivory necklaces.

Quite a few customers fell in love with them the moment they saw them.

The cultured pearls we imported from Japan were also extremely popular.

Almost every day brought strong sales.

Watching customers happily put on a necklace gave us a tremendous sense of satisfaction.

My boss and his wife seemed to smile more brightly with each passing day.

Yet during those busy days, I began to notice that something felt different.

Every evening after dinner, I felt unusually tired.

Sometimes, after sitting down for only a few minutes, my eyelids would begin to droop.

Before I could even finish chatting with everyone, I wanted to return to my room and go to sleep.

At first, I assumed I was simply exhausted from work.

After all, I had been standing at the exhibition booth all day.

It seemed natural to feel tired.

So I paid little attention to it.

But as the days went by, the fatigue remained.

Sometimes I even felt sleepy in the middle of the afternoon.

My boss's wife laughed and teased me.

"Are you missing Francis so much that you don't have any energy?"

Everyone laughed.

I laughed too.

None of us knew the real reason.

After the four-day exhibition ended, we returned to California with excellent results.

My boss was extremely pleased with the success of the trip.

And I was happy to have completed such a successful assignment.

When I arrived home, Francis met me at the airport.

On the drive back, I excitedly told him everything about Hawaii.

But during the following days, I continued to feel unusually tired.

And my monthly period still had not arrived.

One morning, I suddenly remembered how sleepy I had been during the trip.

A thought flashed through my mind.

"Could it be..."

I did not tell anyone what I was thinking.

Instead, I quietly went to a pharmacy and bought a pregnancy test kit.

When I returned home, I nervously walked into the bathroom.

The few minutes of waiting felt unusually long.

When I looked down and saw two red lines on the test stick, I froze.

I sat on the edge of the bed.

For a long time, I could not say a word.

I felt surprise.

I felt nervousness.

And I felt a joy beyond description.

Under the blue skies and white clouds of Hawaii,

in the warm ocean breeze of Diamond Head,

a little life had quietly entered my own.

I gently placed my hand on my stomach.

Before I knew it, tears were streaming down my face.

I knew that from this day forward,

my life was about to enter an entirely new chapter.

When I told Francis that he was going to be a father, I still remember his surprised laughter.

He was at work at the time.

To this day, I do not know whether he told all of his coworkers the news.

Chapter 5

Jewelry and Real Estate

After learning that I was pregnant, I felt both excited and nervous.

This would be my first child.

Growing up, I had never taken care of a baby, nor did I have any experience being a mother. Every night as I lay in bed, I found myself imagining the little life growing inside me.

What did the baby look like now?

Did the tiny heart already beat?

Would the baby grow up to look like Francis or me?

Whenever I thought about these questions, a smile would quietly appear on my face.

Yet along with the joy came serious thoughts about the future.

My work at the jewelry store was stable, but it often required traveling to jewelry shows.

Sometimes I would be away for several days at a time.

The trip to Hawaii made me realize for the first time that once the baby was born, I might not be able to continue working in the same way.

One evening, Francis and I were sitting in the living room talking.

I shared my concerns with him.

"If I still have to travel frequently after the baby is born, it may become very difficult."

He listened quietly.

After a moment, he asked,

"Have you ever thought about doing something else?"

The truth was, I had already asked myself that question many times.

At that time, the real estate market in the United States was thriving.

Many people were improving their lives through buying and selling homes.

I also had friends who worked in real estate.

What attracted me most was the flexibility.

Once I became a mother, I would be able to manage my own schedule.

Unlike the jewelry business, I would not be tied to fixed working hours.

So I began seriously exploring a career in real estate.

After much thought and consideration, I finally made my decision.

I was going to change careers.

I was leaving the jewelry business and entering real estate.

Making the decision was easy.

Putting it into action was not.

I still had a full-time job.

I was pregnant.

And most importantly, I was responsible for half of the mortgage payments on my parents' house.

I simply did not have the luxury of slowing down.

So I began living a life of working during the day and attending classes at night.

Every morning, I went to work at the jewelry store as usual.

After work, I rushed to evening classes.

Sometimes, while sitting in class, I could feel the baby kicking inside me.

As I listened to the lectures, I would gently place my hand on my stomach.

The feeling was both strange and wonderful.

Many of my classmates were around my age.

Some wanted to change careers.

Some hoped to earn a higher income.

Others dreamed of starting their own businesses.

Everyone carried different dreams.

My dream was simple.

I wanted to build a career that offered greater flexibility.

A career that would allow me to care for my family while also helping others find a place they could call home.

During my pregnancy, many people told me not to work so hard.

My mother often said,

"Don't push yourself so much. You'll wear yourself out."

But I knew I could not stop.

My parents' new home still needed mortgage payments.

And once the baby arrived, there would be many additional expenses.

As the eldest daughter, I had long been accustomed to carrying responsibility.

No matter how difficult it was, I was willing to bear it.

Looking back now, those days were busy, but they were also deeply fulfilling.

Because I knew I was working toward the future.

At the same time that I was preparing to welcome my first child,

I was also preparing to welcome my second career.

The six-month course passed quickly.

Then came the most important challenge—the state licensing examination.

The night before the exam, I was so nervous that I could hardly sleep.

Although I had prepared for months, I still lacked confidence.

After all, this was the first time in my life that I was stepping into an entirely new profession.

The next morning, I arrived at the testing center early.

When I received the exam booklet, I closed my eyes and silently prayed.

I asked God to grant me wisdom and peace.

Then I began.

Several hours later, the examination was finally over.

All that remained was the waiting.

When I received the results and learned that I had passed on my very first attempt, I was so excited that I nearly jumped into the air.

I immediately called Francis.

"I passed!"

He sounded even more excited than I was.

"I knew you could do it!"

That evening, we celebrated in our own simple way.

There was no fancy restaurant.

No grand party.

Yet our hearts were filled with joy.

Because we knew that a new beginning was waiting for us.

When I was seven months pregnant, I officially submitted my resignation to the jewelry store.

My boss and his wife were saddened by the news.

After working together for so many years, we had become almost like family.

On my last day, my boss's wife gave me a hug.

Smiling, she said,

"You are going to succeed."

I have never forgotten those words.

With everyone's blessings, I officially entered the real estate profession.

A new journey had begun.

What I did not know then was that even greater challenges—and even greater blessings—were waiting ahead.

When I was six months pregnant, one of Francis's old friends, Cher, came to the Bay Area from Canada to visit him.

I knew that she had once been his girlfriend when they were younger.

Then, she was married and had a two-year old daughter.

What impressed me was that Francis did not go to see her alone. Instead, he asked me to join them for dinner.

Before we met, I was naturally curious about her. After all, she had been part of his life long before I came along.

But when we finally sat down together, I quickly discovered that Cher was a warm and gracious person.

Throughout the evening, she showed great interest in my pregnancy. She shared advice about motherhood and spoke kindly about the journey that lay ahead of us.

There was no awkwardness and no sense of rivalry.

Instead, I felt as though I was talking with an older sister who genuinely cared about our growing family.

Years later, whenever I think about that evening, I still remember her smile and her last word:

"He's a good man. Take good care of him."

In many ways, Cher felt less like Francis's former girlfriend and more like a sister.

Chapter 6

Twenty-Eight Hours

Time passed quickly.

Before I knew it, I was nine months pregnant.

My belly grew larger every day, and even walking began to feel awkward and cumbersome.

Every morning, when I looked at myself in the mirror, I would instinctively place my hand on my stomach.

I could feel the little life growing inside me.

Sometimes she would suddenly kick me.

Other times she would roll and turn around inside my womb.

Every movement felt miraculous.

I often sat on the sofa, gently stroking my belly and talking to her.

"Baby, be a good girl and grow up healthy."

Although she had not yet been born, I was already looking forward to the day we would finally meet.

During the last months of my pregnancy, I continued working in real estate.

I simply reduced the amount of time I spent traveling.

Sometimes clients would look at my large belly while I was showing them houses and say in surprise,

"You're about to have your baby, aren't you?"

I would smile and answer,

"Very soon."

The truth was, I was counting down the days myself.

At last, my due date arrived.

A little after two o'clock in the morning, I suddenly woke up from sleep.

A strange pain moved across my abdomen.

At first it was not very strong.

I assumed it was ordinary discomfort.

I turned over and tried to go back to sleep.

A few minutes later, it happened again.

Ten minutes later, another pain came.

I slowly sat up.

A feeling deep inside told me what was happening.

I glanced at the clock and began timing the intervals.

Sure enough, the pain returned every few minutes.

Gently, I woke Francis.

"I think... the baby is coming."

Francis sat straight up in bed.

Only seconds earlier he had been half asleep.

Now he was completely awake.

"Really?"

"Should we go to the hospital?"

He sounded even more nervous than I was.

Seeing his reaction made me laugh.

Following the doctor's instructions, we continued observing the contractions for a while longer.

When they became more frequent, we finally decided to leave.

It was still dark outside.

The streets were quiet.

Francis drove carefully while I sat beside him, enduring one contraction after another.

Each time the pain came, I gripped the door handle tightly.

All the while, I prayed silently.

When we arrived at the hospital, a nurse examined me.

With a smile, she said,

"You've begun active labor."

Hearing those words filled me with both excitement and anxiety.

Because I knew that very soon I would meet my child.

What I did not know was that the delivery would last twenty-eight hours.

Hour after hour passed.

The contractions grew stronger and stronger.

Eventually, I could no longer carry on a conversation.

Each wave of pain felt like an ocean crashing over me.

The nurses constantly encouraged me.

Francis never left my side.

He held my hand.

He wiped the sweat from my forehead.

He encouraged me again and again.

"You can do it."

"Keep going."

"You'll see the baby soon."

But as time passed, I became so exhausted that I barely had the strength to speak.

Ten hours passed.

Fifteen hours passed.

Twenty hours passed.

I felt as though every ounce of strength had been drained from my body.

Never in my life had I experienced such intense and prolonged pain.

Several times, I wondered whether I could continue.

Yet whenever I felt like giving up, I thought about the baby inside me.

I thought about how she was struggling to enter this world.

And so I gritted my teeth and kept going.

Finally—

after twenty-eight long hours of labor—

a loud cry suddenly filled the delivery room.

It was the most beautiful sound I had ever heard.

The nurse smiled and said,

"Congratulations. It's a girl!"

At that moment, tears filled my eyes.

All the pain.

All the exhaustion.

All the suffering.

Seemed to disappear in an instant.

I had finally met her.

She had rosy little cheeks.

Her hair was sparse and soft, barely covering her tiny head.

She weighed 8.7 pounds, a chubby, adorable, healthy baby girl.

Francis and I named her Alina.

When the nurse gently placed her beside me, I reached out with trembling hands and touched her tiny face.

The feeling is something I will never forget.

Yet while everyone was celebrating, something began to go wrong.

I felt weaker and weaker.

The room around me started to blur.

The voices around me seemed to drift farther away.

Suddenly the doctors and nurses became very busy.

I heard people shouting.

"Hurry!"

"Her blood pressure is dropping!"

Then everything went dark.

I lost consciousness.

When I opened my eyes again, I had no idea how much time had passed.

The hospital room was quiet.

Francis was sitting beside my bed.

His eyes were red.

The moment he saw me awake, he immediately took my hand.

Later, I learned what had happened.

Because of severe bleeding during delivery, I had fallen into a coma.

The hospital had rushed three units of blood into my body.

Only then was I pulled back from the edge of danger.

Francis was terrified.

Holding newborn Alina in his arms, he prayed continuously for me.

Thank God.

In the end, both mother and daughter were safe.

When the nurse brought Alina back to me, I looked at her quietly.

She was asleep.

Her tiny body was wrapped snugly in a blanket.

A peaceful expression rested on her face.

I gently kissed her forehead.

Once again, tears rolled down my cheeks.

At that moment, I suddenly understood something.

From this day forward, my life would no longer be lived only for myself.

I was a mother now.

And this little life would change my life forever.

Chapter 7

Lonely and Desperate Days

After returning home from the hospital, I thought the hardest days were already behind me.

Twenty-eight hours of labor.

Severe blood loss.

Three units of blood transfusion.

I believed that since I had already passed through a life-and-death ordeal, all that remained ahead should be happiness.

But I was wrong.

The real challenge was only beginning.

The day we brought Alina home for the first time, I felt both excited and afraid.

She was so tiny—so small that it seemed she could be hurt by the slightest mistake.

Whenever I changed her diaper, I did so with extreme care.

Whenever I bathed her, I became so nervous that I broke into a sweat.

I constantly worried that I was not doing enough.

I worried that she wasn't eating enough, that she wasn't sleeping well, that she might get sick.

I even worried that she might suddenly stop breathing.

During that period, I became an extremely anxious mother.

It was that way during the day.

It was even worse at night.

Alina needed to be fed every two or three hours.

I would just fall asleep, and she would start crying again.

I would finally soothe her to sleep, and she would wake up once more.

Sometimes I slept only two or three hours the entire night.

The chronic lack of sleep, combined with a body that had not yet fully recovered from childbirth, gradually made my emotions very fragile.

One day, while changing Alina's diaper, tears suddenly began streaming down my face.

I did not even know why I was crying.

My baby was healthy.

Nothing was wrong at home.

Yet I simply wanted to cry.

And I could not stop.

I quickly turned away because I did not want my family to see me.

I felt that something was wrong with me.

I had just given birth to a healthy, beautiful daughter.

I had a husband who willingly helped feed and care for our baby, and a family that supported me.

I should have felt happy.

So why couldn't I feel any joy at all?

At that time, the term "postpartum depression" was not nearly as well known as it is today.

Many people simply did not understand it.

Including me.

I kept thinking that I was not strong enough.

That I was simply too weak.

So I hid all my emotions inside and dared not tell anyone.

Every night, after everyone else had fallen asleep, I would lie awake in bed, lost in endless thoughts.

I worried about many things.

I worried whether I could be a good mother.

I worried about future financial pressures.

I worried about the difficulties my daughter might face as she grew up.

I even worried about who would take care of her if one day I was no longer there.

Looking back now, some of those worries were completely unreasonable.

But at the time, they felt painfully real.

Sometimes I would hold the sleeping Alina and gaze at her rosy little face.

My heart was filled with love.

Yet at the same time, I felt an indescribable pressure.

It was as though, from that moment on, I was responsible for another person's entire life.

The responsibility felt both sacred and heavy.

Fortunately, Francis soon noticed that something was wrong.

One evening, he gently asked,

"Have you been feeling unhappy lately?"

The moment I heard those words, tears immediately rolled down my cheeks.

It was as if emotions I had suppressed for so long had finally found an outlet.

I cried for a very long time.

I told him about all the fears and anxieties I had been carrying inside.

He listened quietly.

He did not blame me.

He did not criticize me.

He simply held my hand gently.

When I had finally cried myself out, he said,

"You've already been doing a great job."

"No one is born knowing how to be a mother."

"We'll learn together."

They were only a few simple words, but they brought me tremendous comfort.

After my mother learned what I was going through, she came over often to help.

Sometimes she cooked nourishing soups for me.

Sometimes she helped care for the baby.

She gave me opportunities to get a little more sleep.

My mother-in-law would often hold Alina as well, allowing me to rest.

That was when I finally understood something important.

Raising a child is never one person's job.

It is the shared effort of an entire family.

Slowly, with the companionship and support of my family, I began to emerge from that difficult season.

The process was not easy.

But day by day, I became stronger.

Day by day, I became more confident.

I learned to accept my own imperfections.

I learned to accept that sometimes I would feel tired, afraid, or make mistakes.

Because I finally understood:

A mother does not need to be perfect.

A mother only needs to be willing to love.

Many years later, when I look back on that period of my life, I no longer feel ashamed.

Instead, I feel grateful.

Because those dark days taught me to rely on God.

They also taught me to cherish the love of my family even more deeply.

And Alina, surrounded by our love and blessings, continued to grow healthy and strong with each passing day.

Before we knew it, she was about to celebrate her very first birthday.

Chapter 8

The First Birthday Party

The days slipped by quietly, filled with both busyness and joy.

Sometimes, when I look back, I wonder where all the time went.

It seemed like only yesterday that we had brought little Alina home from the hospital.

Now, in the blink of an eye, she was almost one year old.

Throughout that year, I watched her grow day by day.

Her first smile.

Her first roll over.

Her first time sitting up.

Her first crawl.

Every "first" filled Francis and me with excitement.

Like all first-time parents, we believed our child was the most adorable child in the world.

Even something as simple as learning to clap her hands was enough to make us happy for an entire day.

I still remember the day she first called me "Mama."

I was in the kitchen preparing dinner.

Suddenly, I heard a faint but familiar voice behind me.

"Mama..."

At first, I thought I had imagined it.

I quickly turned around.

There sat Alina on the carpet, looking directly at me.

Then she said it again.

"Mama."

At that moment, I was so moved that tears nearly came to my eyes.

All the exhaustion from caring for a baby seemed to disappear instantly.

When Francis came home, I immediately told him the good news.

He didn't believe me.

That evening, however, Alina called out "Mama" again right in front of him.

Francis laughed and said,

"That's not fair. I've been working so hard every day, and her first word is still Mama!"

The whole family burst into laughter.

Not long afterward, she began learning to walk.

At first, she wobbled with every step.

She would take two steps and fall.

Then she would get back up.

Fall again.

Get up again.

Watching her determination and refusal to give up, I often thought to myself:

Perhaps that is what life is all about.

When we fall, we stand up again.

And keep moving forward, one step at a time.

Perhaps that is one of the reasons I later chose the title *Against the Wind* for this book.

Because life is never a journey with favorable winds all the way.

What matters is whether we are willing to keep moving forward after we fall.

Finally, Alina's first birthday arrived.

It was a major event for our family.

Not only were Francis and I excited, but both sides of the family were eagerly looking forward to it.

After some discussion, we decided to hold two birthday parties for her.

The first would be for Francis's friends and coworkers.

The second would be for my friends and relatives.

Several days before the celebration, I began making preparations.

Ordering the cake.

Shopping for food.

Decorating the house.

Preparing drinks.

Back then, there were no convenient online ordering services like there are today.

Most things had to be done in person.

Although I was running around constantly, my heart was full of anticipation.

The first birthday party was lively and joyful.

The living room was packed with guests.

Everyone arrived carrying gifts.

Some brought dolls.

Others brought children's books.

Still others brought little outfits.

Alina sat in the center of it all like a little princess.

She seemed to sense how much everyone loved her.

She smiled almost the entire time.

The funniest part was the candle-blowing ceremony.

When the birthday cake was brought out, everyone sang "Happy Birthday" together.

Alina sat in her high chair, staring curiously at the flickering candlelight.

She had no idea what was happening.

She simply gazed around with her big round eyes, looking from one person to another.

Everyone laughed at how adorable she looked.

The second birthday party gathered my relatives and close friends.

Among them were Jalen, Francis's best friend, and his wife Sabrina.

At the time, Sabrina was already several months pregnant.

Her round belly was impossible to miss.

Their daughter Alicia, who would later be born, was still safely tucked inside her mother's womb.

As I watched Sabrina walk through the door with her growing belly, I suddenly remembered my own pregnancy with Alina just one year earlier.

Time had passed so quickly.

It felt as if I had only recently discovered I was expecting.

Now my daughter was already one year old.

And my friends were preparing to welcome new life into the world.

Everyone sat together chatting.

We talked about children, families, and the future.

The children ran around the living room.

The adults gathered around the dining table, catching up on each other's lives.

The air was filled with laughter.

That day, I quietly sat in a corner, taking in the joyful scene before me.

My heart overflowed with gratitude.

I thought about the years I spent as a refugee.

I thought about the uncertain days of drifting from place to place.

I thought about the struggles of starting over when I first arrived in America.

If someone had told me back then:

"One day you will have a family of your own.

A husband who loves you.

A beautiful daughter.

And a circle of caring friends."

I probably would not have believed them.

Yet God had led me here, one step at a time.

Life still held many challenges.

But at that moment, my heart was filled only with thankfulness.

Because I knew I was blessed.

And the little girl happily eating birthday cake in front of me

was God's most precious gift to us.

As I watched Alina 's face covered with frosting and her bright smile shining through,

I silently offered my thanks to God.

I also looked forward to many more wonderful days ahead.

What I did not know then

was that even greater challenges—and even more remarkable stories—were waiting just around the corner.

Chapter 9

Taking a Baby to Open Houses

After Alina's first birthday, I began seriously thinking about returning to work.

As much as I enjoyed spending every day watching my daughter grow, real life still came with responsibilities that could not be ignored.

My parents' house still required mortgage payments.

Our household expenses could not depend entirely on Francis's income.

Besides, I had just earned my real estate license.

If I stayed away from work for too long, all the effort I had invested might go to waste.

Yet for any mother, leaving a one-year-old child in someone else's care is never easy.

During that time, I prayed about it often.

I asked God to provide someone trustworthy to care for my daughter.

One day, a friend introduced me to an elderly woman named Mrs. Fan.

She lived not far from our home and was already caring for her own grandchild.

My friend said,

"You should go meet her."

"She's very kind and loves children."

So we took Alina to visit her.

The first time we met, Mrs. Fan greeted us with a warm smile.

The moment she saw Alina, she immediately held out her arms.

"Come here, let Grandma hold you."

To my surprise, Alina, who was usually shy around strangers, willingly let Mrs. Fan pick her up.

She even smiled at her.

The moment I saw that, I felt much more at ease.

Over the next several days, I brought Alina over regularly so she could become familiar with the environment.

Mrs. Fan was extremely attentive.

She kept track of when Alina ate and when she slept.

She noticed which toys she liked best.

She even paid attention to her favorite foods.

Little by little, I became comfortable leaving Alina in her care.

The day I finally drove away without her, my heart felt heavy.

As I drove, I kept glancing into the rearview mirror.

I knew she was safe.

Yet I could not stop thinking about her.

Perhaps that is simply what it means to be a mother.

No matter how old your child becomes, part of your heart never lets go.

Once I returned to real estate, life became busy again.

Every day seemed to be filled with client appointments and property showings.

I spent hours studying market conditions, preparing paperwork, and arranging open houses.

Fortunately, the Bay Area real estate market was very active at the time.

Although I was new to the profession, there were plenty of opportunities to learn.

Still, things did not always go according to plan.

Sometimes I would receive a last-minute assignment to host an open house.

Sometimes clients wanted to see properties on short notice.

And occasionally Mrs. Fan had commitments of her own.

So I did something that still makes me smile whenever I think about it.

I decided to take Alina to work with me.

At the time, I bought a portable infant carrier.

Whenever I hosted an open house, I would place her inside and bring her along.

Francis and I would take turns watching her.

At first, I worried that clients might not appreciate having a baby present.

To my surprise, the exact opposite happened.

Many visitors walked through the front door.

And the first thing they noticed was not the house.

It was Alina sitting quietly in her carrier in the corner of the living room.

She had big eyes.

Round cheeks.

And a habit of quietly observing everything around her.

People found her irresistible.

One elderly woman walked into an open house and immediately crouched down beside her.

With a smile, she asked,

"Is this your little assistant?"

I laughed and replied,

"Yes, she's my youngest assistant today."

The woman burst out laughing.

The rest of the showing became especially enjoyable.

On another occasion, a young couple came to view a property.

The wife spotted Alina and her face instantly lit up.

Patting her own stomach, she said,

"I'm pregnant too."

Before we had even finished touring the house, we found ourselves talking about pregnancy and raising children.

They eventually purchased that very home.

Whenever I think back on experiences like that, I find them wonderfully amusing.

People often say that real estate is about selling houses.

But I gradually discovered that it is about much more than that.

What we are really helping people buy is a dream.

Some visitors were newly married.

Some were preparing to welcome their first child.

Others hoped to provide a more comfortable home for their aging parents.

Behind every house was a family's story.

That was one reason I came to love the profession so much.

And somehow, Alina became my smallest business partner.

Sometimes after visitors left, she would sit in her carrier and giggle happily.

Other times she would quietly hold her bottle and watch the steady stream of people coming and going.

She knew nothing about real estate, of course.

Yet she accompanied me through one of the most important periods of my career's beginning.

Looking back now, those were years that were both exhausting and joyful.

I worked during the day and cared for my daughter at night.

Many evenings I was so tired that I wanted to fall asleep the moment I sat down.

One day, Francis told me something that caught me completely by surprise—a pleasant surprise.

"Seeing you work so hard, I really want to share your workload."

"How?" I asked with a smile.

"I'm going to get a real estate broker's license," he said matter-of-factly. "Then I can help you with open houses."

I stared at him in disbelief.

"A broker's license requires three years of real estate experience," I said. "You don't have that. Besides, it requires additional courses. You mean a salesperson's license, don't you?"

"A broker's license." He smiled and tapped his forehead. "I have a master's degree. It waives the three-year experience requirement."

"But..."

He wrapped his arms around me and smiled.

"Trust me."

Within days, he had enrolled in an online course, ordered the textbooks, and started studying.

A couple of months later, he passed the examinations and obtained his broker's license.

From then on, he reviewed my real estate documents and occasionally hosted open houses for me. Although he never intended to become a full-time real estate agent and never sold a single house himself, having his broker's license allowed him to support my work whenever I needed him. It also gave me more time to be with Alina and later, with Stephen.

Looking back, I realized that this was simply the kind of man Francis was. Whenever someone he loved carried a heavy burden, his first instinct was never to stand by and watch. It was always to find a way to help carry it.

My life became a little easier.

Whenever I saw Alina growing up healthy and happy—

Whenever I saw the smiles on my clients' faces as they received the keys to their new homes—

I knew it was all worthwhile.

What I did not know then

was that life was about to bring another enormous test.

A test that would change the entire Bay Area,

and change the lives of our family as well.

Chapter 10

The Terror of the Earthquake

October 17, 1989, is a day I will never forget.

At that time, the real estate market had begun to slow down. I was considering expanding my professional skills so that, in addition to real estate, I could also pursue a career in insurance.

With that goal in mind, I enrolled in an insurance licensing course.

Every week, I attended classes in San Jose.

That afternoon, I was sitting in the classroom, concentrating on the lecture.

The instructor was explaining insurance regulations.

The students were busy taking notes.

Everything seemed perfectly normal.

Then suddenly, I felt my chair shake slightly.

At first, I thought I had simply shifted my weight.

But a few seconds later, the entire desk began to tremble violently.

The ceiling groaned and creaked.

The walls started swaying.

Someone shouted,

"Earthquake!"

Instantly, the classroom erupted into chaos.

Desks and chairs shifted across the floor.

The lights swung back and forth.

Some people crawled under their desks.

Others rushed toward the door.

The instructor kept shouting,

"Get down! Stay low!"

My heart began racing.

I gripped the edge of my desk as tightly as I could.

It was the strongest earthquake I had ever experienced in my life.

The entire building shook like a small boat floating on rough seas.

I felt as if the floor beneath me might split open at any moment.

When I looked out the window, I saw a sight I would never forget.

The utility poles along the street were swaying violently.

Then sparks suddenly burst from one of them.

Blue-white flashes lit up the air.

It looked like a scene from a disaster movie.

I had never seen anything like it before.

Fear immediately filled my heart.

Yet what frightened me most was not the earthquake itself.

It was my family.

Alina was still very young and was spending the day at Mrs. Fan's house.

Francis was at work in San Francisco.

My mother-in-law was home alone.

When the shaking finally stopped, only one thought filled my mind:

I needed to know whether they were safe.

Class was obviously over.

Everyone began leaving the building.

Some people were crying.

Others were desperately searching for a telephone.

The streets were filled with frightened people.

Police cars and fire engines could be heard everywhere.

I hurried to a public pay phone.

My first call was to Mrs. Fan.

The phone rang for what felt like forever.

Finally, someone answered.

The moment I heard Mrs. Fan's familiar voice, I nearly burst into tears.

"How is Alina?" I asked anxiously.

Mrs. Fan replied,

"She's fine. She's fine."

"The earthquake scared her a little, but she's okay now."

The moment I heard those words, I felt an enormous sense of relief.

At least half of the burden weighing on my heart was lifted.

Next, I immediately called Francis.

No answer.

I called again.

Still nothing.

A third time.

A fourth.

A fifth.

No response.

Panic began to set in.

I kept dialing over and over.

But the phone system seemed completely overwhelmed.

None of the calls would go through.

Later, I learned that the earthquake had caused widespread power outages and severe disruptions to telephone service.

Those few hours were among the longest of my life.

I prayed constantly.

I asked God over and over to keep Francis safe.

Back then, there were no cell phones.

No text messages.

And certainly no social media.

Once communication was lost, you truly had no idea where someone was or whether they were safe.

I hurried to my car and began driving home as quickly as possible.

Traffic was completely gridlocked.

As I watched the fuel gauge slowly move downward, my anxiety increased.

What if I ran out of gas?

What if my car broke down before I got home?

By God's grace, I finally arrived safely.

The moment I opened the front door, I saw Francis repeatedly checking his watch.

My mother-in-law sat in the living room holding a sleeping Alina in her arms.

The instant Francis saw me, he walked quickly toward me.

He wrapped me in a tight embrace.

Then he lowered his head and kissed me deeply.

"I'm so glad you're home safe," he said.

"I've been worried sick."

That night, we had no electricity.

No lights.

But our family was together.

And we knew that everyone was safe.

Thank God.

Later, I asked Francis what had happened on his side of the Bay.

He told me that their office had recently moved from the third floor to the seventh floor, and fortunately he had not stayed late that evening.

When the earthquake struck, everyone was still in the office.

"The seventh floor was shaking pretty hard," he said.

"Everyone stayed inside. After waiting about ten minutes and making sure there was no immediate danger, people began leaving one by one."

I asked,

"Were you scared?"

He smiled.

"Did you forget I'm a civil engineer?"

"We understand earthquakes a little better than most people."

Then he paused.

"What really worried me was you and Alina."

The Loma Prieta earthquake was initially reported as a magnitude 7.1 earthquake and was later revised to 6.9.

It was one of the most significant earthquakes the Bay Area had experienced in many years.

Although it caused extensive damage throughout Northern California, our family was fortunate to escape without harm.

Yet the effects of the earthquake did not end there.

Over the following months, the Bay Area real estate market suffered a significant setback.

Many people became uncertain about the future.

Prospective buyers postponed their plans.

Some transactions fell apart at the last minute.

That economic disruption would eventually lead me down a different career path.

The insurance business.

At the time, I had no idea.

This frightening earthquake would become one of the important turning points God used to redirect my life.

Sometimes life works that way.

When one door closes,

God has often already prepared another door somewhere else.

Chapter 11

The World of Insurance

As a real estate agent, I quickly began to feel the effects that the earthquake had on the market.

Although I continued to work hard, my income was no longer as steady as it had once been.

I knew I could not rely on a single source of income forever.

So I decided to formally enter the insurance business.

Many successful insurance agents earned very good incomes.

At the time, I was not thinking about becoming wealthy.

I simply wanted to learn more about financial planning while creating a more stable source of income for my family.

So I began attending various insurance training courses.

When I first entered the field, I discovered that the world of insurance was far more complicated than I had imagined.

There were thick textbooks.

Pages filled with regulations.

And countless types of insurance products.

Many nights I studied until midnight.

Yet the more I learned, the more I realized how important this profession was.

Because insurance is not simply about selling a product.

It is about providing protection when people need it most.

After a period of study, I learned that the life insurance products commonly available at the time generally fell into three categories.

The first was Term Life Insurance.

The second was Variable Life Insurance.

The third was Whole Life Insurance.

Many new agents were attracted by products that offered higher commissions.

Variable Life Insurance, in particular, was often promoted heavily.

The premiums were higher.

The commissions were higher as well.

Many training programs encouraged agents to focus on selling these products.

Some instructors even said openly,

"If you want to make money, sell Variable Life."

But after studying the products more carefully, I came to a different conclusion.

I found that many young families primarily needed protection rather than complicated investment products.

For a family with a new mortgage and young children, the most important concern was making sure their loved ones would be financially secure if something happened to the family's primary breadwinner.

For many of those families, Term Life Insurance often seemed to be the most practical solution.

It offered the lowest premiums.

Yet it could provide substantial coverage.

For many ordinary families, it was often the most affordable way to obtain protection.

Its biggest disadvantage from an agent's perspective was simple:

It generated the smallest commissions.

One day after a company training meeting, a senior agent said to me,

"Binh, you're never going to get rich selling insurance this way."

I smiled and asked,

"Why not?"

He replied,

"Because you're always trying to save your clients money."

Everyone laughed.

But I knew exactly what I wanted to do.

I have always believed that insurance is a profession built on conscience and trust.

If a client only needs an umbrella,

I should not try to sell them a boat simply because the commission is higher.

Perhaps that approach cost me a great deal of money.

But it allowed me to sleep peacefully at night.

I have always believed that integrity is more important than commissions.

During those years, I served clients from many different backgrounds.

Newly married couples.

Immigrant families working hard to build a future.

And older clients preparing for retirement.

Whenever I met with someone, I tried first to understand their needs.

I never rushed to recommend a product.

I often told my clients,

"Insurance is not for today."

"It is for protecting the people you love."

Some clients later told me,

"We didn't buy insurance because of the product."

"We bought it because we trust you."

Whenever I heard those words, I felt deeply touched.

Because I understood that my clients were purchasing more than a policy.

They were placing their trust in me.

In addition to life insurance, I also began learning about retirement planning.

One area I studied was annuities.

When I first encountered annuity products, I found the subject fascinating.

For the first time, I was introduced to the concept of planning for retirement income.

I began learning how to help clients prepare for the future.

How to create greater financial stability during retirement.

Those lessons eventually helped not only my clients but also myself.

Looking back, those years were not easy.

I worked in real estate during the day.

Studied insurance at night.

And spent my weekends caring for young Alina.

Many days I was so busy that I barely had time to rest.

Yet those experiences taught me a great deal.

I learned how to serve clients.

How to build trust.

How to choose principles over profit.

More importantly, I learned that no matter what profession we enter, we must remain faithful to our convictions.

Because the people who endure over the long run are not necessarily the smartest.

They are the people others can trust.

Just as my insurance and real estate careers were beginning to find stability,

God had another surprise prepared for our family.

Chapter 12

God's Second Gift to Our Family

Time passed quickly.

Before I knew it, Alina had grown so much.

She had started talking.

She could sing simple children's songs.

And she had begun developing a little personality of her own.

Our home was filled with laughter and energy because of her.

Meanwhile, my career was gradually finding its footing.

Although balancing real estate and insurance kept me busy, the two professions complemented each other well.

Sometimes a real estate client needed help with insurance planning.

Other times an insurance client would ask me questions about buying a home.

The two careers worked together naturally and gave me opportunities to meet people from many different backgrounds.

Life was busy, but it was also fulfilling.

Then, in the midst of those ordinary yet busy days, God prepared another special gift for our family.

One day in 1993, I went to my annual physical examination, just as I did every year.

My family doctor was Dr. Patricia Zhang.

She had been caring for our family's health for many years.

She was always thorough and attentive during my checkups.

That day, after reviewing my test results, she smiled and said,

"Binh, congratulations."

I looked at her, puzzled.

"Congratulations for what?"

Her smile grew wider.

"You're pregnant."

For a moment, I could not find the words to respond.

Although Francis and I had hoped to have another child, hearing the news still came as a wonderful surprise.

After leaving the clinic, I sat in my car for a long time before starting the engine.

I gently placed my hand on my stomach.

And silently thanked God.

He had blessed us with another child.

Dr. Zhang soon referred me to an obstetrician.

To my surprise, my doctor turned out to be Dr. Ming Quan.

When I heard his name, I could not help smiling.

Years earlier, I had heard friends talk about him.

He had a reputation for helping couples overcome fertility challenges and was well known in his field.

At the time, I had never imagined that one day I would become his patient.

When we met for the first time, Dr. Quan was warm and friendly.

After reviewing my medical records, he smiled and asked,

"So, are you hoping for a boy or a girl this time?"

Without hesitation, I answered,

"Either one is fine."

"As long as the baby is healthy."

He nodded with a smile.

"That's the best answer."

From that day forward, Dr. Quan oversaw my prenatal care throughout the pregnancy.

Because I had already experienced one pregnancy, this time felt much easier.

I still had work responsibilities.

I still had Alina to care for.

But I no longer felt the uncertainty and anxiety that came with becoming a first-time mother.

Instead, I felt a growing sense of anticipation.

During one prenatal appointment, the doctor performed an ultrasound examination.

Alina came with me that day.

She sat quietly in a chair, curiously watching the monitor.

The doctor smiled as he conducted the examination.

After a few moments, he turned toward me and said,

"Congratulations."

"You're having a boy."

At that moment, my heart filled with joy.

Not because a boy was somehow better.

But because the thought of having both a daughter and a son made me feel deeply blessed.

The moment I arrived home, I could hardly wait to tell Francis.

When he learned that he was going to have a son, he could not hide his smile.

Although he kept saying,

"A boy or a girl makes no difference."

I knew he was genuinely happy.

As for Alina, she was still too young to fully understand what it meant to have a baby brother.

I told her,

"There's a baby inside Mommy's tummy."

She immediately ran over.

Then she pressed her ear against my stomach and listened very carefully.

After a long moment, she looked up and asked,

"Is the baby sleeping?"

The entire family burst into laughter.

From that day on, she often talked to my stomach.

Sometimes she sang songs to her baby brother.

Sometimes she would proudly announce,

"I'm the big sister."

Even now, those memories warm my heart.

Throughout the pregnancy, I continued to live a busy life.

I met clients during the day.

Handled insurance paperwork at night.

And showed houses on weekends.

Many people encouraged me to slow down and rest more.

But I never seemed able to sit still.

Perhaps it was a habit developed over many years.

I always felt there was more work to do.

More responsibilities to fulfill.

Yet late at night, when everything grew quiet, I would gently place my hand on my stomach.

I could feel the baby moving inside me.

And my heart would be filled with peace.

Because I knew that God was preparing another precious gift for our family.

That child would later become our beloved son,

Alina named her brother Stephen.

Sadly, before our son arrived,

our family would face an unexpected change.

Chapter 13

Saying Goodbye to my Mother-in-Law

During the year before Stephen was born, we gradually began to notice changes in my mother-in-law.

At first, they seemed like small things.

She would forget something she had just said a few moments earlier. Sometimes she would put something down and, a few minutes later, begin searching for it everywhere.

We all assumed it was simply normal forgetfulness that came with age. After all, many elderly people experience this to some degree.

No one thought much of it.

But as time passed, the symptoms became increasingly noticeable.

One day, when I returned home, I smelled something burning.

I rushed into the kitchen and discovered that my mother-in-law had turned on the stove to cook but had forgotten she was cooking. The food in the pot had already burned black, and the flame was still burning.

Fortunately, we found it in time.

Otherwise, the consequences could have been disastrous.

That evening, the entire family was shaken.

Francis kept saying,

"Thank goodness nothing happened."

"It was really dangerous."

However, the incident that truly worried us happened not long afterward.

My mother-in-law loved walking to the small produce market on the corner. It was only about a ten-minute walk from our house, and she had been going there almost every day for years. The neighbors all knew her.

One afternoon, she left home carrying her shopping basket as usual.

But by evening, she still had not returned.

We began to worry.

Francis immediately drove around the neighborhood looking for her, while I asked around with the children.

Just as our anxiety was turning into panic, a neighbor brought her home.

After buying groceries, she had forgotten the way back.

She was standing at a street corner holding her basket, looking around in confusion, completely unsure of where she was.

Thankfully, a neighbor who knew her recognized her and brought her home.

Otherwise, we dare not imagine what might have happened.

That night, I saw my mother-in-law sitting quietly on the sofa.

There was a look of confusion in her eyes.

My heart suddenly sank.

I knew this was no longer simple forgetfulness.

Later, the doctor's diagnosis confirmed our fears.

She had Alzheimer's disease.

When we heard the news, the entire family fell silent.

We all understood that this was a journey from which there was no turning back.

From that day on, we did our best to make sure someone was always with her.

We did not let her go out alone.

We did not leave her home by herself.

But as the disease progressed, caring for her became increasingly difficult.

Sometimes she would forget she had just eaten and ask for another meal.

Sometimes she could not recognize her own son.

At times, she would wake up in the middle of the night believing she was still living in the home she had lived in decades earlier.

Whenever I saw the confusion on her face, my heart ached.

I will never forget how kind she was to me when I first married into the Leung family.

She treated me like her own daughter.

We shared meals together.

We chatted together.

We cared for the family together.

Now, watching her memories slowly disappear felt like watching the pages of a treasured photo album being scattered by the wind.

The helplessness was heartbreaking.

Eventually, Francis, his two brothers, and I sat down together for a family meeting.

We talked for a long time.

Everyone struggled with the decision.

No one wanted to place their mother in a nursing home.

But we also knew that, in her condition, she now required professional care twenty-four hours a day.

It was beyond what any of us could provide.

After countless discussions and much prayer, we finally made the difficult decision to move her into a Chinese-operated nursing home.

On the day she moved in, our entire family accompanied her.

She sat quietly in her wheelchair, seemingly unaware of what was happening.

The staff greeted her warmly, showed her around her room, and introduced her to the facility.

Meanwhile, I fought back tears.

Before we left, I knelt beside her and gently held her hand.

She looked at me and gave me the familiar, loving smile I knew so well.

For a brief moment, I saw once again the mother-in-law who had cared for me all those years ago.

As we walked out of the nursing home, I could no longer hold back my tears.

Francis remained silent for a long time.

That day, we all understood that life was entering a new season.

Our children were growing up.

At the same time, our parents were slowly growing old.

It is a reality that every family must eventually face.

As painful as it was, we knew that love does not always mean keeping someone by our side.

Sometimes, love means giving them the safest and most appropriate care possible.

After that, we often brought Alina to visit her grandmother.

Sometimes she remembered us.

Sometimes she did not.

But whenever she saw her granddaughter, she always smiled.

And that smile became one of the warmest memories I carry in my heart.

A few weeks later, my mother-in-law gradually began adjusting to life in the nursing home.

The three of us visited her often, and sometimes Francis 's two brothers would join us. Many times, we would take her out to a restaurant for a meal and then bring her back afterward.

Yet we slowly noticed that she seemed increasingly disconnected from the world around her. She spoke less and less with each passing week.

One night, while Francis was sleeping beside me, I suddenly heard him quietly sobbing.

I turned over and saw tears streaming down his face.

"What's wrong?" I asked softly.

He was silent for a long moment.

"I don't know," he finally said. "I just can't stop thinking about Mom tonight."

There was a sadness in his voice that unsettled me.

"Then we'll go see her tomorrow," I said.

The next day, when we arrived at the nursing home, a staff member approached us.

"Your mother fell out of bed and fractured her hip. She's currently in the hospital undergoing surgery."

We immediately rushed to the hospital and arrived just as she was being wheeled out of the operating room.

She lay there quietly, seemingly unaware of what was happening around her.

Later, we accompanied her back to the nursing home.

Everyone carried a heavy heart.

A few weeks later, the nursing home called again.

"Your mother has suffered a stroke and is now in the hospital. We can no longer provide the level of care she needs."

Once again, we rushed to the hospital.

The social worker and nurses arranged for her transfer to a skilled nursing facility near Golden Gate Park in San Francisco.

By then, she could no longer swallow food and depended on a feeding tube for nutrition.

Francis and his two brothers took turns visiting her. They kept a notebook by her bedside, recording her daily condition so the three brothers could stay informed about their mother's progress.

During those weeks, I watched my normally cheerful and confident husband become a worried son who often found himself in tears.

That difficult season did not last very long.

Three months later, the hospital called.

"Your mother passed away this evening due to complications from pneumonia."

At that time, Stephen was only a few months away from being born.

My mother-in-law never had the chance to see or hold her grandson.

Chapter 14

Stephen's Arrival

My mother-in-law's funeral was simple.

Many years earlier, one of Francis's brothers had arranged for my father-in-law's ashes to be brought from Hong Kong to the United States and laid to rest in a local cemetery.

This time, my mother-in-law was buried beside him.

I did not attend the funeral.

The older generation all believed that pregnant women should not attend funerals, as excessive grief might affect the unborn child.

So I remained at home, quietly remembering my mother-in-law and offering prayers for her.

As my pregnancy entered its final months, our entire family eagerly awaited the arrival of this new little life.

No one was more excited than Alina.

Ever since she learned that there was a baby brother growing inside Mommy's tummy, she could hardly contain her excitement.

Every morning, the first thing she did after waking up was run over and gently touch my stomach.

Sometimes she would place one of her toys beside my belly and say very seriously,

"This is for my little brother to play with."

One day, she pressed her ear against my stomach and listened quietly for a long time.

Then she suddenly looked up and asked,

"Mommy, when is my little brother coming out to play with me?"

Francis and I burst out laughing.

In her innocent little world, she imagined that her baby brother would be ready to play games the moment he was born.

That innocence and anticipation remain one of my fondest memories.

However, the second half of my pregnancy was not easy.

When I was about six months pregnant, something unexpected happened.

One morning, I woke up and noticed that my left leg was unusually swollen and very painful.

At first, I assumed it was simply the normal swelling that often accompanies pregnancy, so I did not pay much attention to it.

But over the next few days, the condition became worse instead of better.

My entire left leg became swollen and painful. Walking became difficult, and every step hurt.

I began to feel uneasy.

As an expectant mother, I was not worried about myself as much as I was worried about the baby growing inside me.

I immediately contacted my obstetrician, Dr. Ming Quan.

After listening to my symptoms, he took the matter very seriously and arranged an ultrasound examination at the hospital.

When the results came back, he told me,

"You have a blood clot in the veins of your left leg."

I was stunned.

Never in my life had I imagined I would face something like this.

The doctor explained that if the clot became dislodged and traveled to my lungs, it could cause a pulmonary embolism, which could be life-threatening.

To be safe, he immediately referred me to a vascular specialist.

After a thorough examination, the specialist decided that I needed anticoagulant treatment.

Because I was pregnant, many oral medications could potentially affect the baby's development and therefore could not be used.

Instead, he prescribed an injectable blood thinner that had to be administered every day.

When the nurse demonstrated how to inject the medication beneath the skin of my abdomen, I was terrified.

Ever since I was young, I had been afraid of needles.

Now I would have to inject myself every day.

But when I thought about the baby growing inside me, I knew I had to be strong.

Fortunately, I was trained in acupuncture and was familiar with needles.

So every morning, following the doctor's instructions, I carefully injected the medication into the tissue beneath my skin.

Each time I picked up the syringe, I first said a prayer.

I asked God to protect both me and the child growing inside me.

Those months were difficult, but by God's grace, the treatment worked very well.

The blood clot did not worsen.

And the baby continued to grow strong and healthy.

This experience reminded me how fragile life can be.

At the same time, it strengthened my faith that no matter what difficulties we face, God always provides the strength to keep moving forward.

Looking back now, I often think that before Stephen was even born, he had already gone through a trial together with his mother.

Aside from dealing with the blood clot in my leg, I continued working in both real estate and insurance.

Many clients were surprised to see me, heavily pregnant, still driving them around to view houses.

Some even asked,

"Why don't you stay home and rest?"

I would smile and reply,

"Because I still have dreams, and I still have responsibilities."

Deep down, I knew that in addition to supporting my own family, I was also helping to pay half of my parents' mortgage.

Life did not allow me to stop.

But by God's grace, everything went smoothly.

At every prenatal appointment, the doctors told me the baby was healthy.

His heartbeat was strong.

His growth was right on schedule.

Those reports gave me great peace of mind.

As the due date drew nearer, I began preparing a crib, baby clothes, and all the things a newborn would need.

Alina was busier than anyone.

Every day she would run over to inspect the crib.

Sometimes she would even place one of her stuffed animals inside and announce proudly,

"My little brother sleeps here."

As the due date drew closer, the excitement in our home continued to grow.

Finally, the spring of 1994 arrived.

One day, the familiar labor pains began again.

Having gone through childbirth once before, I was much calmer this time than I had been when Alina was born.

Francis, however, was just as nervous as ever.

When I told him,

"I think it's time to go to the hospital,"

he immediately started gathering our things.

Watching him rush around in a panic made me laugh despite the contractions.

Once we arrived at the hospital, everything went smoothly.

Compared with the twenty-eight long hours of labor I had endured when Alina was born, this delivery felt much easier.

Then, at last, the delivery room was filled with the strong cry of a newborn baby.

Our son had arrived.

The nurse smiled and announced,

"Congratulations! You have a healthy baby boy!"

A few moments later, she brought him over.

Francis reached out eagerly to take his son for the first time, but the nurse hesitated and continued holding the baby.

Laughing, she said,

"This baby is just too adorable. Let me hold him a little longer."

Later, Francis told me that the moment he saw Stephen, he immediately understood why the nurse was reluctant to hand him over.

Stephen had a full head of thick black hair and large, bright eyes.

Most unusual of all, he was neither sleeping nor crying.

Instead, he kept his eyes wide open, looking around at everything.

It was as if he had just arrived in a brand-new world and was determined to explore it immediately.

He reminded us of a little adventurer, eager to discover where he had landed.

When Francis told me this, I smiled and said,

"That sounds exactly like our son."

At that moment, I felt an overwhelming sense of gratitude.

A few years earlier, Francis and I had been newlyweds just beginning our journey together.

Now we had a daughter and a son.

Our family had entered a wonderful new chapter.

God's blessings had exceeded anything we could have imagined.

The following day, Alina arrived at the hospital with her grandparents.

She had been insisting that she wanted to see her little brother.

When the nurse brought Stephen out, Alina immediately ran to the bedside.

She stared at him with wide eyes.

Then she softly asked,

"Mommy, is this really my little brother?"

I nodded and smiled.

She reached out her tiny hand and gently touched his cheek.

A huge smile spread across her face.

From that day forward, she officially became a big sister.

When we returned home, life became much busier.

There were baby bottles, diapers, and toys everywhere.

Every day felt like a small battle.

Yet our home was also filled with laughter.

However, about a month after Stephen was born, we quickly discovered another side of his personality.

Unlike his sister, Stephen did not seem to enjoy sleeping.

More accurately, he did not seem to want anyone else to sleep either.

One evening, after giving him a bath, changing his diaper, and feeding him, I was completely exhausted and had already gone to bed.

Francis held him in his arms and gently rocked him, hoping he would fall asleep before being placed in his crib.

But Stephen was full of energy.

Those big round eyes remained wide open, eagerly observing the world around him.

Every time Francis laid him down, he immediately began crying.

So he picked him up again.

A little later, he tried once more.

This time Stephen cried even louder.

It seemed that he had no intention of sleeping unless someone continued holding him.

By then, I was too exhausted to carry him any longer.

My mother was in another room helping Alina sleep and was equally tired.

That was when Francis made what he later called an "engineer's decision."

If Stephen refused to sleep, at least everyone else should be allowed to.

He moved the bassinet into the living room and placed it beside the sofa.

Then he closed our bedroom door and even shut the hallway door to muffle the noise.

After that, he stretched out on the sofa and stood watch.

Meanwhile, Stephen cried loudly from his bassinet.

He cried for quite a while.

Gradually, the cries became softer.

Eventually, he became tired and fell asleep.

Once he was sleeping soundly, Francis carefully carried the bassinet back into our bedroom so Stephen could still sleep near us.

For the next several nights, the same scene repeated itself.

Stephen seemed determined to compete with the adults in a contest of endurance.

But after a few days, he finally realized he could not win.

Little by little, he learned how to fall asleep on his own.

And the rest of us finally began getting some sleep as well.

Looking back now, I cannot help but laugh.

Stephen eventually grew into a thoughtful and responsible young man.

Yet even at one month old, we could already see that he was strong-willed, independent, and determined to do things his own way.

Alina adored her little brother.

Whenever visitors came to our home, she proudly announced,

"This is my brother."

Sometimes she would volunteer to fetch diapers or bottles.

Although she occasionally became jealous, most of the time she was very protective of him.

As I watched the two children grow up together, my heart overflowed with gratitude.

Life remained busy.

There were still many challenges ahead.

But every night, when I looked at my two sleeping children, I felt that every sacrifice had been worthwhile.

God had not only given me a home.

He had given me two of the most precious gifts of my life.

Chapter 15

A Problem Child?

As Stephen was growing older, Alina was reaching the age to start preschool.

Like every parent, I wanted my child to grow up happy and confident.

After much consideration, we enrolled her in The Ark Christian Preschool near our home.

It was a small Christian preschool, but it had a warm and welcoming atmosphere.

On her first day of school, I was more nervous than she was.

The night before, I carefully prepared her little backpack, water bottle, and a clean change of clothes. I had even laid out the outfit she would wear the next morning.

That day, she put on her cute little dress, slung her backpack over her shoulders, and happily followed me out the door.

But the moment we entered the classroom and she realized Mommy was about to leave, everything changed.

Her little hand immediately grabbed the edge of my clothing.

Tears began to fill her eyes.

The teacher gently picked her up, but Alina stretched out both arms toward me and cried,

"Mommy!"

"Mommy, don't go!"

My heart tightened instantly.

After leaving the classroom, I did not walk away right away.

Instead, I stood quietly outside the door and watched through the window.

Hearing her cry made my own tears fall as well.

It was the first time I truly experienced what it meant for a child to grow up.

It is not only children who must learn independence.

Parents must learn it too.

Fortunately, after a while, Alina gradually adjusted to school life.

She stopped crying in the mornings.

In fact, she began looking forward to going to school.

I thought everything would continue smoothly.

Instead, a new challenge quietly appeared.

One day, her teacher asked to speak with me.

She seemed hesitant.

" Alina is a very good child," she began.

"She has an excellent memory."

Then she paused.

"But..."

The teacher hesitated for a moment before continuing.

"She doesn't really play with the other children."

I was surprised.

The teacher explained,

"When the other children play games together, she often sits by herself."

"When they are talking and interacting, she rarely joins in."

After returning home, I began paying closer attention.

The teacher was right.

Alina was different from many other children.

She enjoyed being by herself.

She loved entertaining her baby brother, who could not yet talk, but she showed little interest in interacting with children her own age.

She preferred playing with her own toys.

She rarely started conversations.

Yet she possessed one remarkable ability.

Her memory was extraordinary.

One day, her teacher told me,

"She remembers the English and Chinese names of all twelve children in the class."

Every day during attendance, if one child was absent, Alina noticed immediately.

She could even tell the teacher exactly who was missing.

The teachers were amazed.

But there was something else that puzzled them.

Whenever story time began, all the children would gather around the teacher and listen attentively.

Alina, however, often sat alone in another corner of the classroom.

It was as if she were living in her own little world.

Eventually, the teacher requested another meeting.

This time, she recommended that Alina undergo a professional developmental evaluation.

I resisted the idea immediately.

In many Chinese families, no parent wants to hear that their child may need special evaluation or services.

I kept telling myself,

"She's just quiet."

"She'll grow out of it."

But after the evaluation, the specialists recommended that Alina enter the government's Special Education Program.

When I heard the results, I felt numb.

Afterward, I sat alone in my car and cried for a long time.

One question kept repeating itself in my mind:

"Why my child?"

I even began questioning myself.

Was I too busy with work?

Had I not spent enough time with her?

Had I done something wrong?

During that period, I struggled emotionally every day.

Francis noticed how discouraged I had become.

One evening, he sat beside me and gently held my hand.

Then he said something I have never forgotten.

"Don't be so quick to put a label on our child."

"A Special Program doesn't mean there's something wrong with her."

"It simply means she needs a different kind of help."

Those words became a source of strength for me.

After much prayer and reflection, we decided to accept the specialists' recommendation.

If this path could help our daughter grow, we were willing to try it.

So Alina entered the Special Education Program.

The classes were very small.

Each classroom had only six or seven children, supported by three teachers.

Every child received individual attention.

One teacher later told me,

" Alina is very intelligent."

"In fact, her memory is better than many children's."

"She simply processes information differently."

Later, a speech therapist was assigned to work with her as well.

There were certain sounds and words she could not pronounce clearly.

The teachers were incredibly patient.

They taught her one word at a time.

One step at a time.

Slowly helping her build confidence.

One day, a teacher said something that has remained with me ever since.

"She isn't unable to learn."

"She simply needs a little more time to connect with people."

The moment I heard those words, I felt a tremendous sense of relief.

My daughter was not a problem child.

She was simply growing at her own pace.

From that day forward, I stopped comparing her to other children.

I stopped asking,

"Why isn't she like everyone else?"

Instead, I began learning to appreciate her uniqueness.

Because I believe God created every child with a different timetable.

Some flowers bloom early.

Others take longer to blossom.

But if we are patient enough to wait,

every flower has its own season.

Chapter 16

The Most Heartbreaking Thing

After three years in Special Education, Alina finally received some wonderful news.

Following multiple evaluations by her teachers, speech therapists, and educational specialists, she successfully passed all the required assessments.

The school concluded that she was ready to return to a regular classroom.

When I received the news, tears filled my eyes.

This was more than an academic achievement.

It was the result of years of hard work, patience, and perseverance.

On the drive home, I could hardly wait to tell her.

That evening, I held her in my arms and said,

" Alina, you're going back to a regular classroom!"

For a moment, she looked surprised.

Then she jumped up excitedly.

"Really?"

"I can learn with the other kids now?"

Seeing the joy on her face filled both Francis and me with relief.

We thought the hardest days were finally behind us.

Little did we know that another storm was waiting ahead.

At first, everything seemed to be going well.

Alina worked hard.

Her teachers encouraged her.

Every afternoon she came home eager to tell us about her day.

But after a while, I began noticing subtle changes.

Sometimes she seemed unusually quiet after school.

When I asked about her day, she would simply shake her head and say,

"Nothing."

Then one day, something caught my attention.

As usual, I was unpacking her lunchbox after school.

When I opened it, I noticed that all of the egg sushi I packed was gone.

Naturally, I assumed she had enjoyed every bite.

Smiling, I asked,

"Did you really like Mommy's sushi today?"

To my surprise, she lowered her head and said nothing.

After a long silence, she finally whispered,

"I didn't eat it."

I paused.

"Then who did?"

Her eyes began to fill with tears.

Her voice became even softer.

"Some girls in my class."

"They took it."

My heart sank.

I knelt down beside her and gently asked,

"Why did they take your food?"

She looked down and said,

"They said it was good."

"And they told me to bring more next time."

At first, I thought it might simply be childish teasing.

I comforted her and tried not to worry.

But the incidents continued.

Over the following weeks, similar things happened again and again.

The girls did not just take her sushi.

They began threatening her.

One day she came home in tears and said,

"They told me that if I don't bring more egg sushi for them, they'll be mean to me."

By then, I knew something was wrong.

What hurt even more happened shortly afterward.

One afternoon, Alina returned home unusually quiet.

Normally she loved sharing stories about school.

But that day she barely spoke.

No matter how gently I asked, she only shook her head.

That night, just before bedtime, she finally broke down and cried.

Through tears, she told me that several girls in her class bullied her regularly.

They took her sushi.

They mocked her.

They excluded her.

Sometimes they did things that left her feeling humiliated and ashamed.

Looking at the pain on her face broke my heart.

As a mother, my greatest wish was simply for my child to enjoy going to school.

Instead, she had been carrying this burden all by herself.

The next day, I immediately went to the school and asked to meet with the principal.

I hoped the school would take the situation seriously and help protect my daughter.

To my surprise, after listening to my concerns, the principal simply said,

"They're just children."

"They're only playing around."

I was deeply disappointed.

Because from where I stood, this was not a joke.

It was harm.

At that moment, I realized something important.

If the school could not protect my child, then we as parents would have to protect her ourselves.

After leaving the school, I sat in my car and cried for a long time.

It was the first time I truly experienced the helplessness of being a mother.

More than anything, I wished I could take away all of my daughter's pain.

But life does not work that way.

Some roads must be walked by our children themselves.

The best we can do is walk beside them.

To protect them.

To support them.

To remind them they are never alone.

That evening, Francis and I sat at the dining table and talked for a long time.

We both knew things could not continue as they were.

If we could not change the environment, perhaps we needed to change the environment itself.

That night, a decision began to take shape in our hearts.

A decision that would change the course of our family's future.

We decided to move.

To start over in a new city.

To give our children a fresh beginning.

That place was called Pleasanton.

Chapter 17

A New Environment, A New Life

Ever since Alina was bullied at school, Francis and I carried a heavy burden in our hearts.

As parents, we knew we could no longer stand by and do nothing.

Something had to change.

Actually, two years earlier, we had purchased a single-family home in Pleasanton as an investment property.

It was a four-bedroom, three-bathroom house of approximately 2,300 square feet.

Since buying it, we had rented it out to tenants.

At the time, we had never intended to move there immediately.

Francis worked in San Francisco, and his daily commute was already exhausting.

Our original plan was to wait until the Bay Area Rapid Transit system extended service to Pleasanton.

Once BART was available, Francis could commute by train instead of driving every day.

But life often changes our plans sooner than we expect.

What happened to Alina forced us to rethink our priorities.

Sometimes a house can wait.

A job can wait.

But a child's growth cannot.

During that period, we often drove to Pleasanton on weekends.

Partly, we wanted to see whether we should eventually move into our rental property.

Partly, we wanted to become familiar with the area.

Pleasanton was very different then from the city it is today.

The population was smaller.

The streets were clean.

The trees lined the roads.

Everything seemed peaceful and welcoming.

The first time I drove into Pleasanton, I felt something special.

It was as though I had entered a different world.

There was none of the congestion of San Francisco.

None of the noise and busyness of a large city.

Instead, there was a calmness that felt perfect for raising a family.

One day, we visited the area near Hacienda Business Park.

At the time, major development was taking place there.

New homes were being built everywhere.

Many model homes were open for viewing.

Curious, we decided to walk through one of them.

The moment I stepped inside, I was captivated.

The soaring ceilings.

The bright and spacious living room.

The large windows.

The open kitchen.

Sunlight filled every corner of the house.

Alina was even more excited than we were.

She ran upstairs.

Then downstairs.

Opening doors and exploring every room she could find.

Suddenly, she stopped at one of the bedrooms and shouted,

"Mommy!"

"Is this my room?"

Francis and I looked at each other and smiled.

Both of us felt that this house was far more appealing than the property we were currently renting out.

For a moment, we could almost picture our family's future there.

I stepped into the backyard and looked out at the blue sky.

A gentle breeze moved through the trees.

The leaves rustled softly.

And for the first time in a long while, I felt a deep sense of peace.

Quietly, I thought to myself,

"Maybe this is the home we've been looking for."

Over the following months, we began seriously discussing a move.

It was not an easy decision.

We had spent many years in San Francisco.

Our friends were there.

Our memories were there.

The story of our hard work and struggles was written there.

But for the sake of our children, we were willing to begin again.

Then, as if God had been preparing the way for us all along, BART service officially extended to Pleasanton.

It was the very condition we had been waiting for.

The timing felt almost providential.

So we made our decision.

We would sell our current home and move to Pleasanton.

In the summer of 1997, moving day finally arrived.

That was three years after Stephen was born.

The house was filled with boxes.

Furniture was carried one piece at a time onto the moving truck.

The children ran around excitedly.

Meanwhile, I stood alone in the empty living room, overwhelmed with emotion.

This house held so many memories.

We had met here.

We had built our marriage here.

Alina had taken her first steps here.

Stephen was born here.

My mother-in-law had said her final goodbye here.

We had experienced both joy and hardship within these walls.

And now it was time to leave.

When the movers finally closed the truck door for the last time, I turned back for one final look.

Then, quietly, I said goodbye.

Everything felt new after we moved into our home in Pleasanton.

The children had more room to play.

The neighborhood was filled with parks and green spaces.

The neighbors were friendly.

Most importantly, Alina would be starting at a new school.

After everything she had experienced—from Special Education to bullying—my greatest wish was no longer that she be the best student in her class.

I simply wanted her to enjoy going to school.

To have friends.

To believe in herself.

That would be enough.

Not long after we settled into Pleasanton, Alina began elementary school while Stephen attended preschool.

One day, I drove to Union City to pick up my parents.

Normally, I would first pick up Alina after school, then pick up Stephen, and finally head home.

But that day, heavy rain was falling.

Several traffic accidents had caused severe congestion, and traffic barely moved.

As the minutes ticked by, I became increasingly anxious.

Stephen's preschool closed at six o'clock.

I kept glancing at the clock, realizing I might not make it in time.

In those days, there were no cell phones.

I had no way to contact Francis.

By the time I picked up my parents and slowly made my way back toward Pleasanton, it was already getting dark.

Even as I was nearing home, I could not stop worrying about Stephen.

But when I opened the front door, the sight before me immediately brought tremendous relief.

Stephen was sitting on the floor playing with his toys.

Francis was sitting nearby, smiling.

He had seen the weather, remembered that I was in Union City, and realized I might not make it back in time.

So he had left work early and picked up Stephen himself.

By the time he arrived at the preschool, Stephen was the last child still waiting to be picked up.

Seeing my son safely at home and my parents comfortably settled in, I felt a wave of peace wash over me.

In that moment, I was reminded once again how blessed I was to have someone who shared the responsibilities of family life with me.

There are many challenges in marriage.

But there is also a special comfort in knowing that you do not have to carry every burden alone.

Chapter 18

An Elementary School Miracle

On the first day of school, I accompanied Alina to Mohr Elementary School.

At the time, it was one of the highest-performing elementary schools in the Pleasanton school district.

The night before, I was more nervous than she was.

I worried that she might once again encounter unfriendly classmates.

I worried that she might be excluded.

I worried that she would have to relive the painful experiences of the past.

But God had already prepared a new beginning for her.

The moment we stepped onto the campus, I felt something different.

The grounds were spacious and well maintained.

The lawns were neatly trimmed.

Children's laughter filled the classrooms.

Alina held my hand tightly.

The truth was that I was even more nervous than she was.

I knelt down, straightened her collar, and said,

"Don't be afraid."

"Just be yourself."

She nodded.

Then she walked into the classroom.

I remained outside for a few moments, watching her slowly become part of her new environment.

Quietly, I prayed.

I asked God to give her a fresh start.

And by God's grace, everything truly was different this time.

Her new teachers were kind and caring.

They took the time to understand each child.

They did not look down on her because of her Special Education background.

Instead, they encouraged her and gave her opportunities to succeed.

Slowly, I began to see changes.

Each afternoon when she came home from school, she eagerly shared stories about her day.

Sometimes she told me about a new friend she had made.

Sometimes she told me about praise she had received from her teacher.

The smile that had been missing for so long finally returned to her face.

What surprised me even more was how quickly she progressed academically.

The concerns that had once troubled her teachers seemed to be disappearing one by one.

And soon we were about to witness a miracle.

The little girl who had once been considered a "problem child" was about to discover her own gifts.

She began demonstrating an extraordinary memory and an impressive ability to learn.

Reading and spelling came particularly easily to her.

Many words only needed to be shown to her once before she remembered them.

Sometimes even I was amazed.

One day, at the end of her first semester, I received her report card in the mail.

I sat down at the dining table and carefully opened the envelope.

As I read through it, I suddenly froze.

Then I read it again.

And again.

There, printed clearly on the report card, were the words:

Honor Roll Student

I could hardly believe my eyes.

I checked it several times to make sure I had not misunderstood.

Then tears began streaming down my face.

Immediately, I called Francis at work.

When he answered, I excitedly said,

"Guess what happened!"

He laughed.

"What good news do you have?"

My voice almost broke as I replied,

" Alina made the Honor Roll!"

For several seconds, there was silence on the other end of the phone.

Then I heard him burst into laughter.

"She must have inherited my genes."

I laughed and replied,

"Yes, your Special Education genes!"

That evening, our family celebrated.

It was only a simple dinner.

But to us, it meant everything.

Because only we knew how much effort, pain, and perseverance stood behind that achievement.

The evaluations.

The speech therapy.

The years in Special Education.

The nights when I cried alone and wondered about her future.

And now, the child whom others once worried about had become an Honor Roll student.

God's grace is truly amazing.

Even more surprising was what happened the following year.

The school held its annual Spelling Bee competition.

Her teacher encouraged Alina to participate.

At first, she lacked confidence.

Deep down, she still felt she was not as capable as other children.

I told her,

"Winning isn't important."

"I just want you to be brave enough to try."

So every afternoon after school, she practiced diligently.

I studied words with her.

Francis quizzed her after dinner.

Sometimes the entire family sat together in the living room and turned the practice into a friendly game.

Those evenings were filled with laughter.

On the day of the competition, Francis and I both took time off from work so we could be there to support her.

As I watched her standing on the stage, I suddenly remembered the little girl who once sat alone in the corner of a classroom.

Now she had the courage to stand before a crowd.

That alone felt like a victory.

Round after round, she continued spelling correctly.

Finally, the results were announced.

Alina had won third place.

The audience burst into applause.

As she walked off the stage holding her certificate, a radiant smile spread across her face.

Francis and I stood and applauded with everyone else.

My heart overflowed with gratitude.

At that moment, I understood something important.

Some children do not fail to fly.

They simply take off later than others.

Some seeds do not fail to bloom.

They simply need more time.

And the responsibility of parents is not to force their children into someone else's expectations.

It is to believe in them before they can believe in themselves.

To walk beside them.

To encourage them.

And to patiently wait for them to blossom.

That evening, I stood in the backyard and looked up at the Pleasanton night sky.

A gentle breeze moved through the trees.

I thought about everything we had experienced over the years.

Escape.

Displacement.

Immigration.

Marriage.

Building a career.

Raising children.

Disappointments.

Tears.

And countless moments of moving forward against the wind.

Suddenly, I felt an overwhelming sense of peace.

Because I knew God had never left us.

And Alina's growth was one of the most beautiful testimonies of His faithfulness.

I looked through the window into our home.

There were two children playing in the living room.

Francis sat on the sofa, smiling as he watched them.

At that moment, I felt incredibly rich.

Because true happiness is never measured by the amount of money in a bank account.

It is found in watching the people you love grow up healthy, safe, and happy.

That was the most precious gift we received after moving to Pleasanton.

Chapter 19

Clouds Above the Horizon

As our children continued to grow, new chapters of life quietly unfolded before us.

After moving to Pleasanton and watching Alina settle comfortably into her new school, I thought the most difficult years were behind us.

We had built a home, our children were thriving, and life seemed to be moving in the right direction.

I was wrong.

Sometimes the storms that change our lives do not arrive with thunder. They first appear as distant clouds above the horizon.

One day, I unexpectedly crossed paths with Anthony, someone who had once been very important to me when I was in Vietnam.

It had been many years since we last saw each other. By then I was a wife, a mother, and deeply committed to my family.

Yet the encounter stirred emotions that I thought had long been buried by time.

At first, I paid little attention to it. But slowly, I found myself struggling with feelings I could not fully understand.

A sadness settled over me. I could not explain where it came from or why it remained.

Francis noticed the change long before I was willing to admit it myself.

He offered patience, support, and understanding, even when I could not explain what I was going through.

At the same time, another challenge was quietly approaching.

Several years earlier, we had purchased a rental property as an investment.

For many years we were blessed with good tenants. They paid their rent faithfully, took care of the property, and often treated us more like friends than landlords. Our children even played together.

Then one day, everything changed.

The last tenants moved out unexpectedly. They left without paying their final month's rent, forcing us to deduct the amount from their security deposit.

Before we could even replace the locks, we discovered that part of the house had been deliberately damaged. The bathroom had been flooded, causing extensive repairs.

Although we restored the property, the experience left me exhausted. I no longer wanted the responsibilities that came with being a landlord.

Seeing how overwhelmed I had become, Francis agreed that it might be time to sell the property and pursue a different type of investment.

At the time, Tenancy-in-Common (TIC) investments had become increasingly popular among property owners who wanted income without the day-to-day responsibilities of property management.

After careful consideration, we exchanged our property for a TIC investment in a small shopping center located outside California.

Several major commercial tenants occupied the center, and for a few years everything appeared to be working well.

Then the economy began to change.

Businesses struggled. Stores closed. The confidence that had fueled the market started to disappear.

And before long, the investment we had trusted began to unravel.

The shopping center we invested in was hit hard by the economic downturn.

Businesses closed one after another, and replacement tenants were difficult to find. Before long, the property was generating negative cash flow.

In the end, we lost more than ninety percent of our investment.

Facing this financial disaster, my depression did not improve.

It grew worse.

Yet God remained faithful.

Francis supported me in every way he could. But he still had to work and provide for the family.

During the hours he was away, much of the burden quietly fell upon Alina and Stephen.

Alina had already become a second pair of hands in our home. When I could not function normally, she helped care for her younger brother.

At the same time, she was carrying a full academic load, maintaining excellent grades, and preparing for college. Looking back, she was doing far more than most teenage girls her age.

Stephen was growing up as well.

He was becoming an independent and thoughtful young man. After school, he spent time with his friends and was a natural leader among them. People enjoyed being around him. Yet no matter how busy he was, he never forgot his family.

He knew his mother was struggling.

One particular day remains vivid in my memory.

Francis had taken Alina to UCLA and would not be able to return home that evening. I was alone with Stephen, but I was in no condition to prepare dinner.

As I lay in bed, I heard a knock on the bedroom door.

A moment later, Stephen walked in carrying a Japanese bento box.

"Mom," he said, "I can't cook, so I went out and bought dinner for you. I know you like Asian food, so I bought teriyaki chicken and sushi instead of a burrito."

At that moment, tears began rolling down my face.

My twelve-year-old son had gone out by himself, walked 30 minutes, to buy dinner because he knew his mother was unable to take care of herself.

It was a simple gesture.

Yet to me, it was one of the most touching moments of my life.

In the middle of my darkness, God reminded me that while I was worrying about so many things, my children were quietly growing into compassionate and caring young adults.

I have never forgotten that bento box.

My depression was like waves on the shore. Sometimes I could stand and bathe my feet. Sometimes they would push me down and I couldn't get up.

Francis had been worrying about me. But being his wife, I found it difficult to listen to his concern.

Until one day, after dinner, Alina mentioned maybe we could attend a church. She said we could find more support and love in a church than from a regular social group.

She was sixteen then, ready to go to college next year.

She knew she could not help me when she was away from home.

But in this country, public schools do not teach bible. Where did she get the idea of a church would give support to a stressed family?

Later on I realized that Francis was graduated from a Catholic school in Hong Kong. He knew the bible well, even though he was not a Catholic nor a Christian.

He must have discussed this with our daughter.

Alina found a small Cantonese speaking church in Pleasanton, not far from where we lived.

Our whole family attended that church one Sunday.

It's a small church of about 50 people.

We felt the warm immediately. Not only from the pastor, but from the entire church.

Knowing I was not feeling well, Pastor Lam and his wife came to visit us. Not only they prayed for me, but also brought me a silken chicken with all the herbal ingredients so Francis could make an herbal soup readily. The caring I received I remembered until today.

Above the horizon, above the dark clouds, there is always the sun.

I simply had not seen it yet

Epilogue

As I watched our children grow up, the years slipped quietly by.

Alina was preparing to graduate from high school and begin her studies at the University of California, Los Angeles.

Stephen was preparing to graduate as well and would soon enter the University of California, Berkeley.

Our family was about to enter a new season—the empty nest years.

During those years, there were countless blessings.

And there were countless stories.

My father passed away.

My mother moved to Southern California.

Old friends reappeared in our lives.

My brother went through a rebellious period and later struggled with depression.

As for me, I also experienced seasons of depression.

There was a time when some of our investments failed, leaving us uncertain and anxious about the future.

Yet life did not stop.

The days continued moving forward, one after another.

There are too many stories to tell.

Too many blessings to fully recount.

But through all those years, one thing never changed.

Francis.

And the love we shared.

It was that love that carried us through every storm,

every disappointment,

and every blessing that followed.

As the years passed, I gradually began to notice qualities in him that I had never fully appreciated before.

Although he had never taken a class on how to be a husband or how to be a father, he seemed naturally gifted at both.

When I struggled with depression and could no longer fully carry out my role as a mother, he quietly stepped in and carried the responsibility.

I still remember one evening when I was already lying in bed.

He told me he would come upstairs half an hour later because he wanted to spend some time reading bedtime stories to the children first.

He read *The Baby-Sitters Club* to Alina.

He read *Journey to the West* to Stephen.

As I lay in bed, I could often hear the children's laughter drifting up from downstairs.

I remember something else as well.

Every morning, when the children and I came downstairs, breakfast was already prepared and waiting for us before school.

I remember his prayers every night.

And I remember the time I accompanied my mother to China for two weeks to recover a family debt.

During those two weeks, he took time off from work to stay home with Alina and Stephen.

For those fourteen days, he was both father and mother.

I know he faced many frustrations and pressures at work.

Yet he never brought those burdens home.

Looking back now, I realize that many of the responsibilities and challenges of our family rested quietly on his shoulders.

And he carried them without complaint.

Dear Heavenly Father,

Thank You for Your guidance, protection, and grace throughout our journey.

Thank You for every storm You carried us through.

Thank You for every blessing we received along the way.

And thank You for the family You gave us.

Amen.

Author's Afterthoughts

As I finish writing this story, I find myself looking back once again.

I think about the young refugee girl who arrived in America with little more than hope.

I think about the young woman who worked long hours, helped support her family, and wondered what the future might hold.

And I think about the wife and mother I eventually became.

When I was younger, I believed happiness would come when I finally reached a certain destination.

Perhaps when I found a stable job.

Perhaps when I married an ideal husband.

Perhaps when I bought a home.

Perhaps when I achieved one of the dreams I had worked so hard for.

But life taught me something different.

Happiness is rarely found at the finish line.

More often, it is found in the people who walk beside us along the way.

Looking back, our family experienced many joys and many challenges.

We welcomed our children into the world and watched them grow.

We worried over illnesses, school, and the uncertainties of the future.

We cared for aging parents and said goodbye to loved ones.

There were seasons of celebration and seasons of sorrow.

Yet through every season, God's grace was present.

Sometimes His grace appeared in obvious ways.

Other times it appeared quietly—in the form of a helping hand, an encouraging word, a faithful friend, or a loving spouse.

As I look back on these years, I realize that building a home is about much more than walls and a roof.

A true home is built little by little through love, sacrifice, patience, forgiveness, and faith.

It is built through prayers offered again and again.

Through breakfast already waiting on the table each morning.

Through a hug at the end of a long workday.

Through a word of encouragement after disappointment.

Through countless years of walking hand in hand.

And through a family that continues to choose love and support, even in the midst of life's storms.

Today, our children have grown and begun their own journeys.

Francis and I have entered a different season of life.

When I look around, my heart is filled with gratitude.

Not because our lives were perfect.

But because God was faithful.

Yet this was not the end of our story.

Life still had many chapters waiting to be written.

There would be new joys and new sorrows.

Unexpected reunions.

Personal struggles.

Seasons when our faith would be tested in ways we never imagined.

The winds did not disappear.

The storms did not end.

But every now and then, God allowed us to see a rainbow.

And that rainbow reminded us that He had been with us all along.

Perhaps one day, I will tell those stories as well.

For now, I simply give thanks.

Thank you for walking this journey with me.

May God bless you and your family as you continue building your own dream home.

— Binh
Pleasanton, California

Made in the USA
Coppell, TX
20 August 2026

87384067R00155